秒懂馬拉松入門

知識ゼロからの
フルマラソン
入門

零門檻！最適合路跑新手挑戰全馬的完全圖解教練書

小出義雄(佐倉運動員俱樂部代表)——著

李韻柔——譯

從零開始

進入馬拉松的世界

如果能變成像走子那樣的體態，要試試看嗎？

是去跑馬拉松，不是去玩啊⋯

既沒體力又不擅長運動，連慢跑都很難持之以恆⋯

但對我來說太勉強吧⋯？

不過小出教練那麼有名，說不定還能跟大家炫耀呢～

沒問題吧，憑著一股勁按了申請⋯

這是命運!!

剩下一個名額⋯

唔～

哇～真不錯…很厲害啊…

你們聽我說！我拿到四十歲組的第三名喔！

原本是因為我的健檢報告上血糖值跟三酸甘油脂出現紅字，才一起開始慢跑的啊…

我陪你一起跑吧！

爸爸，你喝太多囉…

那時候開始慢跑果然是正確的！不僅體力變好、變瘦了，好像還變年輕了呢！

你也要更認真跑啊！好久沒一起跑了，明天早上再一起跑步吧！

打呼

喝趴了啊…

接下來我想去跑全馬！

我想要去沖繩跑馬拉松，北海道的也想去！可是又不能不去一次檀香山！

紐約和迪士尼樂園也有馬拉松賽事呢！

噢，好多想去的地方啊！

唉呀

4

*小出教練的馬拉松教室學員募集中

我想你們在跑步前一定有很多問題要問。

有什麼想問的，儘管提出來，我會一一回答。

我是初學者…各種運動都不擅長的我，一年後有可能成功跑完全馬嗎？

我！

不用擔心～

可以可以，完全可以！

東京馬拉松的限制時間是7小時，而平常走路大約1小時4公里，若走快一點可以到5公里。這樣算下來，7小時可以走35公里呢！

所以只要稍微小跑步，一定能在限制時間內跑完的。

經過這樣的計算，就可以不用著急，盡情享受了！

原來如此…

但我完全沒有體力…

我家是務農的，

揮著鋤頭…

每天從早到晚都像這樣幹活，但只要喝完酒睡一覺，隔天又能繼續幹活了。

工作時會喘，會消耗氧氣，這是有氧運動！會讓微血管擴張，肌纖維也會長大。

肌肉長大後，體力會跟著變好，就能更輕鬆的活動了。

會變強壯喔！

所以說，人的身體是會習慣的，一定能變成會跑步的身體。

沒問題的！先試著練看看。

我54歲了,跑步速度會變快嗎?

50幾歲還是年輕人啊!

年過70還熱愛跑步的人多得是,你可以的,你可以!

哈哈哈哈!!

連上了年紀的人都能追過我…是因為這體型的關係嗎…

胖的人先從健走開始比較好,跑步時著地的衝擊力道為體重的三倍,所以體重重的人會給腳比較大的負擔也容易受傷!

走路也是會流汗的,也能訓練肌肉,先會走再學跑吧。

原來啊!好~我要走很多路!

輕鬆快速嗎…

等等…

而且重10公斤就等於抱著10公斤重物在運動,負重變輕就能更輕鬆快速的活動喔!

10kg

10

當你還想繼續下去的時候就要停止，這樣一來就會想著下次還要做，不管做任何事，不過度才是長久持續的不二法門。

只要使七分力就好喔！

嗄？

你、妳和你，你們大家的體型都不一樣吧？加上手腳的長度和骨骼、肌肉的狀態也不一樣，所以，不要任意改變姿勢比較好！

我可以再問一個問題嗎？不知道是否和我的體型有關，和我一起跑步的老婆經常說我「姿勢」很奇怪，和其他人不一樣。

跑著跑著，漸漸就會跑出好姿勢，人啊還是自自然然最好啦！

連高橋尚子＊的跑步姿勢也是這麼奇怪的喔！

11

＊譯註：日本著名女子馬拉松選手，曾於2000年雪梨奧運中獲得女子馬拉松金牌，日本人暱稱她為「Ｑ醬」。

你是不是後半段都用走的？

學會「後半型跑法」之後，下次你就有可能是SUB4囉！

這裡有人跑過馬拉松嗎？

我！

我第一次跑全馬花了超過5小時！

那是在過30公里後以最快速度跑步的方法，

只要能夠學會這種跑法，大家都能跑出自己最佳成績！

失速跑法

後半型跑法

GOAL

START

SUB4！真的嗎？但什麼是「後半型跑法」？

為了跑步而讓家人寂寞，而影響工作，或受傷，都是不行的喔。

那真是恭喜你耶！

哇～我好想學會！但我的小孩剛出生，實在挪不出練習時間…

沒問題的！練習時間很短，但一定能讓你們變快！

一般市民跑者都是肩負著家庭和工作責任在跑馬拉松。

嗯，說得也是。

我知道了，但我現在就連週末都不太能跑，每天跑一些倒還可以⋯

每天跑，沒辦法跑完馬拉松，也不會變快喔！

哼哼 哼哼哼

嘰～!?

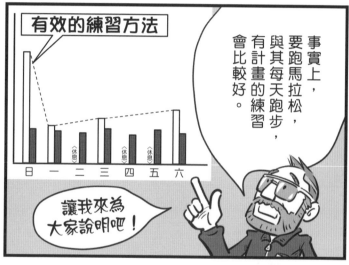

事實上，要跑馬拉松，與其每天跑步，有計畫的練習會比較好。

讓我來為大家說明吧！

有效的練習方法

| 日 | 一 | 二 | 三 | 四 | 五 | 六 |

（休息）（休息）（休息）

重點是在合理範圍內配合可執行時間，制定專屬於你的練習計畫。

練習計畫？

同樣是馬拉松選手，高橋尚子和有森裕子的練習方法就完全不同啊！

大家都不一樣喔！

一般市民跑者也一樣，大家的目標、體格、腳力和生活習慣都不同，怎麼可能都用同一套練習方法！

適合自己的方法⋯

沒錯！我們一起來試著找到自己合用的方法吧！

一起來重新認識自己吧！

歡迎來到全程馬拉松（全馬）入門

制定練習計畫之前
先確認「目標」和「現在的自己」

跑馬拉松，千萬別悶著頭就開始跑，首要之務是設立目標。然後檢視自己現在的程度和練習時間，開闢達成目標的道路（練習計畫）。知道終點（目標）和起點（現在的程度）後，剩下的就只是邁開大步（練習）了。

Step 1
設立清楚的目標

目標距離？

☐ 全程馬拉松

☐ 半程馬拉松

☐ 10公里

☐ 5公里

比賽時間？

☐ 1年後

☐ 6個月至1年內

☐ 3個月至6個月內

☐ 3個月內

目標時間？

☐完賽

☐希望時間

＿＿＿小時 ＿＿＿分

有了目標，會讓你興奮，跑起來更有樂趣

「想要塑身」、「想要參加東京馬拉松」、「想要在4小時內完賽」等，有目標再來挑戰會讓跑步更有樂趣。目標越是具體，就越容易列出需要的練習內容。

找出能練習的時間

一週可以練習幾次？

	一	二	三	四	五	六	日
30 分鐘至 1 小時	☐	☐	☐	☐	☐	☐	☐
1 小時以上	☐	☐	☐	☐	☐	☐	☐

就算練習時間短，也能有充分的練習！

如果實行起來有困難，列這份練習菜單就沒有意義了。首先，在不影響工作和家庭的前提下，劃分出能夠練習的時間。只有短暫的時間，就思考短時間適用的練習菜單。

Step 3

確認現在的腳力

能夠跑多久？

☐ 未滿 30 分鐘
☐ 30 至 60 分鐘
☐ 10 公里
☐ 半程馬拉松
☐ 全程馬拉松

過去的比賽結果？

☐____公里跑了___小時___分
☐比賽內容（感想、要改善的地方等等）
_____
_____

過去的跑步經驗裡藏著一大堆讓你更進步的線索

重新檢討過去比賽或現在跑步的問題，就能找到修正點和要改善的地方。要是不滿意過去的比賽結果，那裡面藏著很多讓你可以更進步的線索。

各位，你們都知道自己的「目標」、「能練習的時間」和「現在的程度」了嗎？接著我們就開始上課囉！

16

本書介紹的練習菜單，是以登場人物的情況為例，請根據練習時間和腳力、體力等每個人的不同狀況調整自己的菜單。

Lesson 1

用小跑步
挑戰「完賽全程
馬拉松」！

我是初學者…各種運動都不擅長的我，一年後有可能成功跑完全馬嗎？

不用擔心～

可以可以，完全可以！

沒有運動天分也想完賽

⬇

首先，用健走鍛鍊出「能跑的腳」

profile

鳥山 沙織 小姐 （29 歲　160cm　53kg）

目標＆自我檢視（p14）整理

⬇

目標	1 年後完賽全程馬拉松。
能練習的日子	每週 3 次（二、六、日） ※ 星期二只有 30 分鐘至 1 小時。
現在的程度	沒有跑步經驗，不管網球、滑雪或游泳，沒有一樣擅長的運動白痴。

鳥山小姐，妳好。

妳希望一年後能跑完全馬是嗎？

嗯，好喔，沒問題，一定可以達成的。

真的嗎！ 但我只是稍微跑一下就會喘耶，這不是單純慢跑，而是跑馬拉松，會不會太高估自己了……。

沒這回事，就像我剛剛跟妳說的一樣（p9），人的身體是會習慣的，一定能變成會跑步的身體。

不過，妳最好是先別慢跑，好好的健走，為「跑步做準備」（p26）。

22

運動＆生活習慣檢查表

- ☐ 沒在運動
- ☐ 一天走路時間不足 30 分鐘
- ☐ 搭電扶梯多過於爬樓梯
- ☐ 車廂內若有空位會馬上坐下
- ☐ 稍微跑一下就喘
- ☐ 沒什麼肌肉
- ☐ 抽菸
- ☐ 胖胖的

打勾項目越多，表示運動不足。一旦突然開始跑步，會腳痛，給身體造成負擔而引發不適，所以先從健走儲備體力再跑步。

鳥山小姐的馬拉松練習重點

● 利用健走「鍛鍊腳力」

● 像走路一般，小步小步地跑

● 意猶未盡的練習是持之以恆的祕訣

我知道了，那麼事不宜遲，我先去找可愛的運動服和鞋子。

可以！完賽最重要的，是擁有「能長距離移動的腳」，不管是用走的或是小跑步。

而且意猶未盡的練習，會讓人更期待下次的練習唷！

從健走開始嗎？

好像沒那麼辛苦，感覺能夠持之以恆。

但是，這麼輕鬆悠閒真的能跑完全馬嗎？

每週3次的練習菜單

第1個月

 Day 1~3 「走路10分鐘
＋快走10分鐘～」
×
2回合

※逐漸延長快走的時間。

第2個月

 Day 1~3 「走路10分鐘
＋慢跑10分鐘～」
×
2回合

※逐漸延長慢跑的時間。

第3個月

 Day 1 慢跑30至50分鐘

 Day 2 慢跑30至50分鐘

 Day 3 「走路30分鐘＋慢跑
30分鐘＋走路30分鐘」

※逐漸延長慢跑的時間。

第4個月

 Day 1 慢跑30至60分鐘

 Day 2 慢跑30至60分鐘

 Day 3 悠閒地慢跑90分鐘

練習的重點

計畫 1

 用健走打造
「跑步的身體」

計畫 2

習慣健走
70 分鐘後開始
慢跑

計畫 3

 每週一次連續運動
90 分鐘，練出跑
馬拉松的「腳」

計畫 4

 拿出勇氣參賽，
在賽事氛圍中培養
跑步樂趣

小出教練的分析＆建議

目標跑完全程馬拉松！一年期的練習規劃

24

熱身
和整理運動
➡參見 p30

選擇適合
跑步的裝備
➡參見 p46

訓練若變得乏味，
也可參考 Lesson 2 和
Lesson 3。

第5～7個月

Day 1 慢跑30至60分鐘

Day 2 慢跑30至60分鐘

Day 3 悠閒地慢跑90分鐘以上

※狀況好的時候可以試著跑快一點。

第8個月

Day 1 慢跑40至60分鐘

Day 2 慢跑40至60分鐘

Day 3 悠閒地慢跑90分鐘以上

※比賽前改用其他菜單(參見p40)。

第9～11個月

Day 1 慢跑40至60分鐘

Day 2 慢跑40至60分鐘

Day 3 悠閒地慢跑90分鐘以上

※狀況好的時候可以試著跑快一點。

第12個月

Day 1 慢跑40至60分鐘

Day 2 慢跑40至60分鐘

Day 3 慢跑90分鐘以上

※比賽前改用其他菜單(參見p44)。

計畫5

興起就加速跑，
強化
「心肺」機能

計畫6

跑興趣的就好！
挑戰
半程馬拉松

計畫7

不要拚過頭！
一步一步拉長
「距離」和「時間」

計畫8

距離正式上場
還有三週，
調整練習和身體狀況

25

第1個月

每週 3 次的練習菜單

不用拘泥於每週3次，有空就走

 Day 1～3　「走路10分鐘＋快走10分鐘」×2回合

若能輕鬆完成，就**逐漸延長快走的時間**。

進階　「走路5分鐘＋快走20分鐘」×2回合

進階　「走路5分鐘＋快走30分鐘」×2回合（合計走70分鐘）

計畫 1

用健走打造「跑步的身體」

體力不好的人或胖胖的人不要突然開始跑步

提到馬拉松練習，就會讓人聯想到跑步，但初學者最好不要突然興起就開始跑，理由有兩個。

一個是腳容易受傷。跑步會讓腳的負擔比較大，肌力弱的人無法承受負擔，腳就很容易受傷。

另一個理由是，怕會因為辛苦而對跑步產生反感。至今為止不太運動的人，或是比較胖

的人，稍微一跑動就會喘，很可能會覺得自己「果然不適合跑馬拉松」。

依自己的步調加入快走

這時，要先從健走開始。走路每個人都會，是人人都能做的運動。但如果只是普通的走路，對訓練來說強度不夠，所以就再加入快走。按照上面列的練習菜單，組合快走和普通步行，就可以順利拉長快走的距離了。

26

理想的健走姿勢

每個人的骨架和肌力因人而異，正確姿勢也各有不同。與其在意姿勢而動起來綁手綁腳，不如就先照平常的樣子走路。但是要注意，姿勢不良很容易受傷，一定要隨時記得「把背挺直」。

視線平視前方

走路看著腳，很容易會往前傾。目光放在前方 5 公尺左右，背自然就會挺直，姿勢也會變好。

背部挺直

背部挺直，重心就會穩定，姿勢也會變好。健走時，注意不要駝背或身體左右傾斜。

走路時想像頭頂有一根繩子往上拉。

背部挺直能給予背部、腹部、臀部到腳部肌肉適當的刺激

不用在意姿勢，直接出門走個 10 分鐘看看吧！

健走後要做整理運動

快走會給肌肉帶來超出想像的負擔，要消除疲勞必須做「整理運動」，放慢走路速度，然後做點體操或拉筋（參見 p30）。

第2個月

每週 3 次的練習菜單

 用可以哼歌的速度跑步

Day 1~3　「走路10分鐘＋慢跑10分鐘」×2回合

若能輕鬆完成，就**逐漸延長快走的時間，也可以再多練幾回合。**

進階　「走路5分鐘＋慢跑20分鐘」×2回合以上

進階　「走路5分鐘＋慢跑30分鐘」×2回合以上

計畫 2

習慣健走70分鐘後開始慢跑

把快走換成慢跑！

習慣「走路 5 分鐘＋快走 30 分鐘」×2 回合的 70 分鐘訓練後（p26），可以慢慢地開始慢跑。交錯著走路，逐漸拉長跑步的距離。

慢跑的速度，以不會喘、能夠哼歌的狀態為佳。初學者不太懂得慢慢跑，很容易就會亂了速度，跑得氣喘吁吁。如果學會把速度慢下來，就能順利拉長慢跑的距離。

跑步要怎麼穿比較好呢？

喜歡的樣子就可以囉！但是，鞋子一定要是跑步用的、合腳的鞋。

←挑選鞋子和衣物的方法及重點，請參見 p46。

28

理想的跑步姿勢

跑步姿勢和走路姿勢一樣，每個人都不同。但只要多練習，自然就會變成跑起來很輕鬆的姿勢。多多跑步，強化需要的肌力吧！跑步時注意下面列出的重點，就能避免受傷。

不要抬下巴
（過度內縮也NG）

下巴抬高會變成重心往後，而無法提高速度。看著前方跑就好，累的時候再提醒自己縮下巴即可。

一開始什麼都不想，
往前跑，
身體就會自己動起來

上半身挺直

左右或前後傾倒，會造成身體某部分負擔，導致受傷。和健走姿勢一樣，背部要挺直。

手臂前後擺動

肩膀放鬆，有節奏的前後擺動。但因為手肘的角度和擺動方式，每個人差異甚大，只要用讓自己覺得舒服的方式即可。

維持能輕鬆跑步的步幅

自然的步幅（stride）最好，能讓自己輕鬆跑步的步幅，就是最適合那個人的步幅，不用去勉強加寬。

平順地著地

腳步順暢地踩到地面，將煞車降到最小值。

肌肉訓練能改善姿勢

強化支撐上半身的腹肌和背肌，以及擺動手臂時會用到的肩膀和手臂肌肉，姿勢就不容易跑掉，可以把肌肉訓練當成輔助練習（參見 p94）。

訓練流程

訓練前後做好熱身與整理運動

熱身運動

**健走或悠閒地慢跑
10 分鐘**

先以健走等緩和運動為肌肉暖身、提高血液循環，做好運動前的準備。

準備體操

身體溫暖後，動動腳踝、膝蓋和髖關節，擴展關節的可動範圍，減少訓練對身體的負擔。

訓練

從健走或悠閒慢跑開始的練習菜單，兼做熱身就可以啟動訓練了。

整理運動

**悠閒地慢跑
或健走 10 分鐘**

訓練後不要突然停止活動狀態，先悠閒地慢跑再健走，慢慢降低行進速度。

收操或伸展

趁身體還熱熱的時候做體操或伸展。伸展時不要來回晃動，配合呼吸進行即可。

訓練前後應養成熱身和做整理運動的習慣

突然起跑，身體會感覺很笨重、動作卡卡的，而且也容易受傷，所以要先讓身體做好準備，然後才開始跑。

跑完後，做些緩和運動和伸展，對緩解肌肉的疲勞很重要。不只有腳部，全身都要保養好。

30

上半身的伸展

手臂擺動會更順暢，也能解決肩頸痠痛問題

伸展肩膀周圍②

伸直手臂，橫放在身前，與肩膀同高，然後以另一隻手臂拉向另一側肩膀。

伸展肩膀周圍①

一手放在頭部後面，手肘彎曲，使肘關節對著天花板，再用另一手輕輕拉動肘關節。上半身保持直立。

伸展身體側邊

雙手抓住棒子等支撐物，伸展身體側邊（體側）。不用起反作用力，身體慢慢伸展，再慢慢地回復。

一旦上半身拉開，跑姿的平衡也會變好

伸展背部

雙手抬至與肩同寬，放在與腰同高的地方，然後將身體往前傾，慢慢地伸展背部和腰部的肌肉。

下半身的伸展

伸展大腿後側

腳繼續放在剛剛的地方，膝蓋打直，放鬆身體往前傾，伸展大腿後側肌肉。

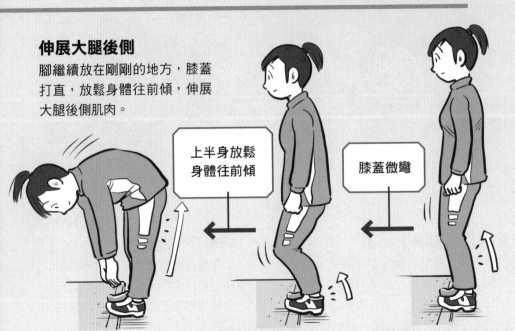

上半身放鬆
身體往前傾

膝蓋微彎

伸展阿基里斯腱

腳尖保持在高低落差的地方，然後慢慢屈膝，伸展阿基里斯腱。

伸展小腿

將腳尖放在有高低落差的地方（如樓梯邊緣等），拉動伸展小腿的肌肉。

這些動作可以隨處輕鬆做到呢！

伸展大腿和腰部

腳尖和膝蓋朝向身體外側，雙腳打開像蹲馬步的姿勢，腰往下沉，使大腿與地板平行。這個動作在伸展大腿和髖關節的肌肉。

伸展腳的後側

一腳放上護欄之類的支撐物後，抓著腳尖將身體往前傾，伸展整隻腳的後側肌肉。

伸展大腿前側

身體站直，一隻腳往後彎，並以同側手抓住腳尖。單腳站立會搖晃的人可以抓著某個東西做這個動作。

天氣冷的時候，注意不要讓身體冷到了。

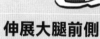

腳跟不離地

伸展腳踝

腳跟著地，慢慢將腰下沉，伸展阿基里斯腱、大腿、臀部和腰部的肌肉。

第3個月

每週3次的練習菜單

一點一點地延長慢跑時間

Day 1 慢跑30至50分鐘

Day 2 慢跑30至50分鐘

Day 3 「走路30分鐘＋慢跑30分鐘＋走路30分鐘」

慢跑時間增加的話，可以縮短前後走路的時間（但前後還是要各走5至10分鐘）。

計畫 3

每週一次連續運動90分鐘，練出跑馬拉松的「腳」

訓練能跑42.195公里的強健「腳（力）」

習慣能夠輕鬆跑上30分鐘後，應該也感受到跑步的樂趣了吧。如果是為了身體健康或是減重，跑到這種程度就可以了。

但如果目標是要跑全馬，雖然不需要每天跑，一週至少也要安排一次長距離跑步。因為要養成能跑完全馬距離的強健雙腳，這種訓練方式會比較有效率。

不勉強加快速度，小步小步地跑

長距離跑步的祕訣在於，不加快速度，小步小步地跑。如果感覺很喘、無法說話，那就是跑太快了。不要勉強自己，有時可以改用快走，讓自己維持90分鐘不間斷地運動。

然後，別想著要加油，輕鬆地跑最重要。這樣一來，就能將跑步化為習慣。

34

擁有三條以上「自己的路線」

找到不同類型的慢跑路線後，再配合練習時間、內容或心情去跑，跑起來會更舒服。先參考下面三種類型，找出自己屬意的路線吧！

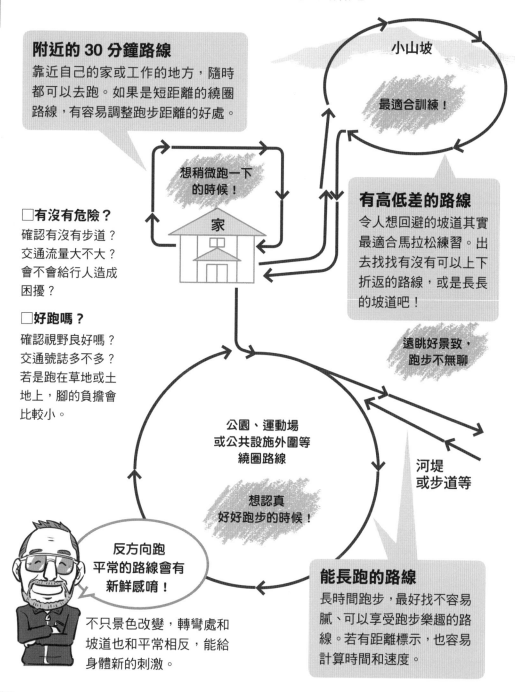

附近的 30 分鐘路線
靠近自己的家或工作的地方，隨時都可以去跑。如果是短距離的繞圈路線，有容易調整跑步距離的好處。

☐ **有沒有危險？**
確認有沒有步道？
交通流量大不大？
會不會給行人造成困擾？

☐ **好跑嗎？**
確認視野良好嗎？
交通號誌多不多？
若是跑在草地或土地上，腳的負擔會比較小。

小山坡

最適合訓練！

想稍微跑一下的時候！

家

有高低差的路線
令人想回避的坡道其實最適合馬拉松練習。出去找找有沒有可以上下折返的路線，或是長長的坡道吧！

遠眺好景致，跑步不無聊

公園、運動場或公共設施外圍等繞圈路線

想認真好好跑步的時候！

河堤或步道等

反方向跑平常的路線會有新鮮感唷！

不只景色改變，轉彎處和坡道也和平常相反，能給身體新的刺激。

能長跑的路線
長時間跑步，最好找不容易膩、可以享受跑步樂趣的路線。若有距離標示，也容易計算時間和速度。

第4個月

每週 3 次的練習菜單

累了就休息，快樂的跑！

Day 1 | 慢跑30至60分鐘

Day 2 | 慢跑30至60分鐘

Day 3 | 悠閒地慢跑90分鐘

用能輕鬆跑步的悠閒速度去跑，覺得累的時候改成快走也 OK，等緩下來後再繼續慢跑。

拿出勇氣參賽，在賽事氛圍中培養跑步樂趣

參加比賽，更深刻感受跑步樂趣

如果能照上面那樣訓練，可以慢跑1小時以上，就開始考慮報名參加比賽吧！距離就選5公里或10公里，就算悠閒地慢跑，1小時也能跑6至8公里，即使是10公里的比賽也不用擔心。

參加路跑比賽，不僅跑起來開心，還能交到新的跑友。再加上寫下個人紀錄這個大目標也很有魅力。

不用擔心，不用擔心！
500 公尺後就會
開始有人用走的了，
別緊張，好好享受吧！

大型比賽會展示運動衣物或配件，還有店家擺攤賣特產，光是去會場玩也很有趣。

這是我第一次比賽，大家看起來都跑很快，快要被會場的氣氛吞噬了。

參加賽事的報名流程

1 搜尋

全國各地舉辦各種規模的比賽，仔細確認活動要點，找到適合自己參加的賽事。

透過網路檢索

查詢馬拉松賽事時，可上網檢索擁有全國各地賽會資料的網站（「RUNNET」http://runnet.jp/runtes），十分方便。5公里以下的活動也有不少。（編註：臺灣各地賽事可查詢「Runners' Plaza 跑者廣場」http://www.taipeimarathon.org.tw/contest.aspx）

選擇賽事的檢核重點

☐ 到比賽會場的交通便利嗎？

☐ 跑步距離和限制時間適合自己嗎？

☐ 賽事的規模如何？

　規模大的賽事往往會有比較多新手跑者。

2 報名申請

人氣旺的賽事要早早提出申請！

按照賽會所公布的報名辦法提出申請（網路報名的也很多），也有報名很踴躍，開放受理申請不久就報名額滿或採抽選制的賽事。

報名參賽後的檢核重點

☐ 停車場（開車前往的話）

☐ 有無更衣室和放東西的地方

☐ 廁所

☐ 有無商店（飲料或食物等）

☐ 比賽前後、比賽時的水分補給

賽前的檢核重點和當日注意事項等解說，請參見 Lesson 4。

3 繳費

繳報名費後領取跑者號碼布。雖然很多會在比賽當日繳交，但大規模的賽事也會在事前就進行繳費。

偶爾要跑到氣喘吁吁，轉換心情！

Day 1 慢跑30至60分鐘 ▶ **狀況好的時候就跑快一點**（參見 p65）。

Day 2 慢跑30至60分鐘 ▶ **狀況好的時候就跑快一點**（參見 p65）。

Day 3 悠閒地慢跑90分鐘以上 ▶

用能輕鬆跑步的悠閒速度也 OK，
但要全程跑步，不要用走的。

計畫 5

興起就加速跑，強化「心肺」機能

馬拉松練習的重點在於「腳」和「心肺」

跑馬拉松最需要的就是強健的「腳」和「心肺」，而訓練主要就是在鍛鍊這兩個地方。

強健的腳（力）能透過長距離的跑步練就，雖然練習有點無聊，但以悠閒的速度小步小步地持續跑動最好。

不過，以完賽馬拉松為目標的話，練好腳力就可以了，若是不想練心肺就不要勉強。

「如果厭倦了小步小步地跑，就讓自己跑到喘，打破一成不變！」有這種程度的心情就OK了。

吸稍微會有些喘，但不至於累壞的速度來跑，效果會更好。

只要加入這個變化，就能大幅提高訓練的效率。

試著在慢跑途中加快速度，跑到氣息稍喘，再回復平時的慢跑。

偶爾跑到會喘轉換心情！

心肺機能，光靠悠閒的跑步強化，效率比較差。若是以呼OK了。

38

用這樣的速度來跑

那是因為跑步的速度不適合妳，太快了。

跑步途中感覺跑得很痛苦就改用走的。

剛剛好的速度是這樣

感覺

能夠一邊哼歌

心跳數

138 −（年齡 ÷ 2）= 目標心跳數

對慢跑初學者來說，剛剛好的速度是「能邊跑邊講話的速度」。以這個標準用心跳數的計算方式可算出，30 歲的人是 123 次，40 歲的人是 118 次。（因每個人有差異，這只是標準參考值）

習慣以「哼歌速度」悠閒地進行長距離慢跑後，偶爾可以試著調整速度為「哼歌速度」→「興致一來就加速跑，增加刺激」→「再回到哼歌速度」，像這樣子去跑跑看。

目標心跳數只是標準參考值，應以自己的感覺為優先

上面雖然介紹了慢跑速度的目標心跳數，但狀態因人而異，也有人光是健走就達到這個心跳數了（這樣子的人可以靠健走提高心肺機能）。而當我們心肺機能增強後，心跳數也會下降，所以心跳數的個人差異很大。
不要和人或參考數值比較，應該和自己平常的數值相比，以「能哼歌」這種自己的感覺為優先。

第8個月

每週 3 次的練習菜單

比賽前要改變練習菜單

Day 1 慢跑40至60分鐘
（比賽前兩週為 30至 50分鐘）　　　狀況好的時候就跑快一點
（參見 p65）。

Day 2 慢跑40至60分鐘
（比賽前兩週為 30至 50分鐘）

Day 3 悠閒地慢跑90分鐘以上

比賽 7天前請改用下面的菜單。

半馬比賽前的菜單

7天前 慢跑5公里　　　6 至 4 天前到哪都
以微慢跑為佳。

3天前 慢跑2至3公里　　　就算是比賽前一天也
要稍做慢跑或健走。

當天 出賽半馬

計畫
6

跑興趣的就好！挑戰半程馬拉松

不要在意時間，
好好感受跑過終點那份喜悅

目標是全馬的話，有半馬經驗是很重要的。就算沒有跑20公里的經驗，若能不勉強地跑上90分鐘，就應該能夠跑完全馬了。

有過跑半馬的經驗，在跑長距離比賽的時候，就知道身體會起怎樣的變化。而這個經驗在跑全馬時會派上用場。

比賽前幾天，應該調節練習量以整頓身體狀況。

40

半程馬拉松就這樣跑

要跑完比平時練習更長的距離（21.0975公里），必須盡量保持以下的配速，小步小步地跑。而因為是第一次跑，會遇到狀況也是當然的，就維持這樣的心情，不管發生什麼都盡情地跑吧。

0至3公里
悠閒輕鬆地小跑步

不管周圍的人用什麼樣的速度跑，一開始就像在健走一樣悠閒地慢跑。

3公里以後
跟著速度和自己差不多的人跑

前半以比平時慢跑略慢一點的速度去跑，如果有速度和你差不多的人，跟在後面跑可以輕鬆些。

起點

中途側腹疼痛的話……

用拇指、食指和中指三根手指用力壓迫疼痛點會舒服些。

如何預防肚子痛？

· 比賽4小時前要用完餐
· 不讓肚子著涼

無論是比賽前，或是比賽途中，都要認真補充水分。

關於水分補給請參見 Lesson 4。

其他各種比賽會遇到狀況還有很多，詳細因應方式請參見 Lesson 4。

終點

15公里以後
保持節奏，緊跟在後

如果還有力氣，從這裡開始稍微提高速度。擺動手臂，抓住節奏，就能緊跟上並繼續跑下去，在距離終點1至2公里時做最後衝刺。

第9～11個月

每週 3 次的練習菜單

練習做了多少，都會展現在跑步上！

Day 1 慢跑40至60分鐘 → 狀況好的時候就跑快一點（參見 p65）。

Day 2 慢跑40至60分鐘 → 狀況好的時候就跑快一點（參見 p65）。

Day 3 悠閒地慢跑90分鐘以上 → 用緩緩悠閒的速度去跑，盡量維持長一點的時間，**目標是慢跑 3 小時！**

計畫 7

不要拚過頭！一步一步拉長「距離」和「時間」

小心不要受傷，扎扎實實的做好練習

終於到了要展現實力的階段了，目標是完賽全馬。用自己的速度增加跑步的時間（距離）吧！但還是不能太過於勉強，禁止過度練習，如果在這個時候受傷不能跑，那就太可惜了。

由於是以完賽為目標，練習途中用走的也沒關係。不要練過頭，身體不要累積太多疲勞，但也不能休息太久，讓好不容易鍛鍊出來的肌力和體力回復到原本的狀態。

嘗試慢跑一次 3 小時，可以的話就盡量跑兩趟吧！

雖然練習菜單已增加到每週慢跑一次 90 分鐘以上，但正式比賽時跑到終點要花上 5 至 7 小時，所以我們一口氣拉長時間，體驗一趟 3 小時的長跑。跑的過程不要在意速度，總之就持續跑上 3 小時。有了這個經驗，身體將蛻變為能跑更久的身體。

訓練時應該注意的身體保養

小心貧血

一旦貧血，過往輕鬆悠閒的慢跑也會讓你氣喘吁吁。要注意飲食均衡，若還是不夠的話，就補充維他命。

富含鐵質且營養均衡的菜單

水果（加州梅等）
炙燒鰹魚
燙菠菜
白飯
料很多的湯
鹿尾菜

女性或減肥中的人要特別注意！

覺得很疲憊的時候……

泡澡
跑澡能促進血液循環，容易排出疲勞物質。放鬆全身的肌肉，讓身心安適舒暢。

伸展／按摩
訓練後或洗完澡後，為了放鬆肌肉，可以輕按或伸展。不只是腳要按摩，全身都要按一按。

休息
覺得身體疲累就休息（參見 p66），硬是訓練而受傷，或變得討厭跑步，就本末倒置了。

不累積疲勞

放著因訓練而疲勞的身體不管，會感覺越來越疲憊，甚至有時候還會受傷。所以必須盡早保養，當日的疲勞當日解決。

第12個月

每週 3 次的練習菜單

休息太久是大忌，要適度地跑一跑

Day 1 慢跑40至60分鐘

Day 2 慢跑40至60分鐘　　<u>狀況好的時候就跑快一點</u>（參見 p65）。

Day 3 慢跑90分鐘以上

比賽 7 天前請改用下面的菜單。

7天前和3天前的練習，可以配合天氣或身體狀態前後調動。

全馬比賽前的菜單

7天前 比賽的速度10公里　　<u>以平時慢跑的速度</u>想像比賽的狀況來跑。<u>比賽 5 天前也要稍微跑動。</u>

3天前 比賽的速度5公里　　<u>以平時慢跑的速度跑</u>，前一天也要稍做慢跑或健走。

當天 出賽全馬

計畫
8

距離正式上場還有三週，調整練習和身體狀況

不再增強肌力，只要消除疲勞就好

為了完全展現出實力，要以良好的身體狀態迎接比賽到來。因此，從三週前就開始調整練習比較好。但若是胡亂減少練習，肌力和心肺機能都會降低。

這個時期的練習重點是，儘管練習的量（距離）減少，卻能維持好的品質（速度）。

一旦調整得好，以比賽的速度來跑也會很輕鬆，能夠充滿自信的迎接賽事。

達成完賽目標的跑法

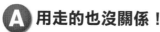

Q 跑步途中，
如果感覺不行了該怎麼辦？

A 用走的也沒關係！

不要硬撐到跑不動的地步，早點切換
步行也可以。走 5 分鐘，跑 10 至 15
分鐘。反覆像這樣子的節奏，不要放
棄，直到終點。

Q 隨著比賽時間接近，
我開始對自己能不能跑完感到不安。

A 不要著急，好的比賽是從享受
的心情開始的！

一個人胡思亂想就會變得不安，但只
要站上起點，旁邊就會有很多和自己
一樣的跑者。只要能和他們一起開心
地跑，一定能夠跑完的。

Q 請告訴我，
為了跑完全程，我該注意的事。

A 不要被周圍的速度拉著跑。

前半段速度太快而失敗的例子很多，
所以必須注意不要被周圍跑者的速
度影響。只要用自己平常練習的速度
去跑，不要在前半勉強自己，就一定
能夠完賽。

選擇適合自己的裝備

教練，鞋子要怎麼選才好呢？

我會建議挑選鞋底厚且有彈性的鞋子比較好喔。像鳥山小姐這樣，剛開始慢跑的人，

實際試穿，看看是否合腳是最好的做法！

我知道了，那我就去多試穿幾雙。

還有，穿脫時必須確實鬆開鞋帶。腳跟的地方凹陷，會導致鞋子變形。要養成每次解開鞋帶後再脫鞋，穿上時再綁好鞋帶的習慣。

小提醒 買鞋前一定要先試穿

⭕ 試穿鞋子要在下午
常聽人說早上和傍晚腳的大小會不一樣，所以要挑腳變大的下午試穿鞋子比較好。

⭕ 綁好鞋帶
腳套進鞋子後，腳跟先向地板踏幾下，確認腳跟部分也合腳，最後再把鞋帶繫好。

⭕ 兩腳都要試
有些人左右腳大小和形狀不一樣，試穿時應該兩腳都套鞋，然後走走看、試著單腳站立。

☐ 慢跑鞋

要準備的項目

有可吸收衝擊力的避震款、適合高級跑者的輕量化鞋款，還有在這兩者之間的款式。初學者請選擇厚鞋底、衝擊吸收性能佳的避震款。

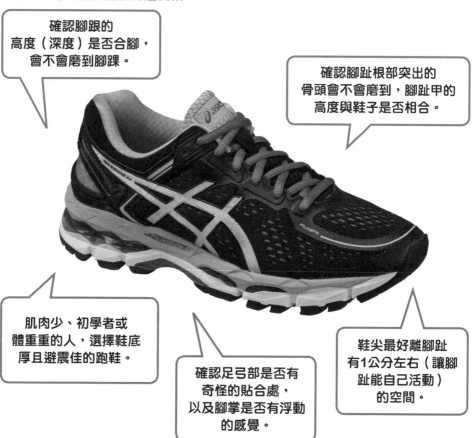

確認腳跟的高度（深度）是否合腳，會不會磨到腳踝。

確認腳趾根部突出的骨頭會不會磨到，腳趾甲的高度與鞋子是否相合。

肌肉少、初學者或體重重的人，選擇鞋底厚且避震佳的跑鞋。

確認足弓部是否有奇怪的貼合處，以及腳掌是否有浮動的感覺。

鞋尖最好離腳趾有1公分左右（讓腳趾能自己活動）的空間。

購入鞋子之後……

穿過後要放到通風好的地方

用柔軟的布擦拭髒污，然後放到通風處陰乾。

很髒的時候就用洗的

浸泡溫水，以中性或專用清潔劑等清洗。確實清洗後擦乾水分，塞入毛巾或報紙（小心染色），放到通風好的地方陰乾，嚴禁放在太陽下曬乾或以吹風機吹乾。

防曬帽子
太陽很大時，選用連頸部都有遮蔽的帽子，防止曬傷和中暑。

炎熱時

☐ 帽子

推薦不悶熱、通風好又速乾的款式。

☐ 衣服

具吸水性和速乾性的尤佳，也可選擇長袖避免陽光直曬，說不定感覺更涼。

☐ 緊身褲

選擇涼感緊身褲會比不穿還涼，而且還能防曬。另外也有預防受傷或有助減輕疲勞的機能款。

☐ 運動褲

選購能吸水、速乾的類型，有短褲、五分褲、七分褲、長褲等各式各樣的選擇。

☐ 襪子

穿鞋不穿襪容易悶濕，也容易長繭。所以襪子很重要。有在足底加橡膠防止滑動的防滑型，也有五趾襪，選擇自己穿起來舒適的。

五趾襪
選擇跑步專用的輕薄款，使腳趾間不易長繭。

寒冷時

☐ 毛帽

選擇刷毛等保溫性良好的類型，能蓋住耳朵的就更好了。

☐ 脖圍

防止冷風吹進脖子，保持溫暖，也能提高體感溫度。

保暖袖套

穿套在手臂的防寒裝備，身體溫暖後可拉下一半，變熱了就拿掉，跑步時可以一邊調整。

☐ 訓練衣

那種訓練時穿的薄上衣，外面再加一件防風外套，就更能禦寒了。

☐ 手套

指尖容易變冷，冬天跑步時別忘了手套。

☐ 緊身褲

推薦挑高保溫性的類型，也有減輕疲勞、具修復效果的緊身褲，或加強肌肉和關節支撐的機能款。

即使是冬天，跑步還是會流汗。為了不因流汗著涼，內衣最好選速乾材質的比較好喔！

☐ 太陽眼鏡

保護眼睛不受紫外線或
空氣中灰塵的傷害，精
神上也有達到放鬆跑步
的效果。

☐ 運動錶

以具有計時、自動計圈機能的
為佳，有心率資訊的就更方便
了。也有能將記錄透過電腦軟
體或應用程式上傳的款式。

有了鞋子和衣物後，
不需要特別的東西，
輕裝上陣吧！

☐ 背包

從有多層收納的腰包到放
飲料的水壺腰帶，甚至容
量大、能裝入替換衣物和
鞋子的背包，種類繁多。
建議都挑選和身體貼合、
不容易甩動的。

帶上能派上用場的物品

毛巾
可以帶在腰上的
手巾也不錯。

零錢
預防有突發狀
況，身上放個一
千日圓保安心。

手機
可利用智慧型手機
的應用程式，計測、
記錄距離和時間。

飲料
在跑山路或那種中
途難以補充水分的
路線時，千萬別忘
記帶。

消除代謝症候群，目標「笑著在5小時內跑完全馬」

跨越年齡壁壘成為「破5」

變化型訓練磨練跑步力

山本 弘先生 （51 歲　173cm　80kg）

目標＆自我檢視（p14）整理

目標	以比妻子快的時間跑完全馬。目標「破5」。
能練習的日子	每週 4 次（一、三、五、日）※ 平日 1 小時，能長時間練習的是星期日。
現在的程度	慢跑 30 分鐘左右。半年前開始，每週 3 至 4 次健走或慢跑。減重 5 公斤後就開始偷懶了。

山本先生，你說你半年前開始和太太一起健走和慢跑是嗎？流過汗後，果然還是有瘦了一些吧？

對，體重比運動前少了5公斤。

但是，明明是一起開始的，太太現在能跑得比我更快更遠，讓我有點沒面子……。

哈哈哈，這也是沒辦法的。因為你太太有在持續練習，想要跑得更快啊。練習這檔事是騙不了人的（笑）。

「要完賽就做目標完賽的練習」、「想達成破5 *，就做目標破5的練習」，只要有確實練習，一定能達成目標。

---

*破 5（SUB5）：跑完全馬的時間未滿 5 小時（4 小時 59 分 59 秒以內）。

□ 不吃早餐

□ 幾乎都外食

□ 每晚喝酒

□ 每天都吃零食

□ 常吃炸物或肉類料理

□ 不太吃蔬菜水果

□ 用餐時間不固定

□ 常喝冷飲

打勾越多的人，飲食生活越不正常，身體容易累積脂肪，不易長肌肉，體力也不好。規律且快樂的均衡飲食，能養成適合跑步的身體。

山本先生的馬拉松練習重點

● 重新檢視飲食生活後減少攝取量

● 針對訓練的量與質進行變化

● 為了不受傷、不厭倦，不要過度訓練

這樣啊～但我明明認真地跑了，在減了5公斤後，體重和體力（跑步能力）卻沒有變化……。

首先，你靠運動消耗的能量若沒有你吃的多，就瘦不下來。我們來看看你的飲食生活吧！

還有，每天都一樣只慢跑30分鐘，這樣並不是馬拉松的練習。

偶爾需要增加負荷量，練習讓自己跑到喘。

但要在不過度努力的狀況下啦！

原來如此，因為我一直都做同樣的事，變得制式化了吧～越來越期待開始新的練習了。

每週4次的練習菜單

第1至5週

Day 1 慢跑30至60分鐘

Day 2 慢跑30至60分鐘

Day 3 慢跑30至60分鐘 或 跳繩5分鐘

Day 4 慢跑60分鐘

第6至10週

Day 1 慢跑30至60分鐘

Day 2 慢跑30至60分鐘

Day 3 慢跑30至60分鐘 或 跳繩5分鐘

Day 4 長跑15至20公里 或 爬山3至4小時

第11至15週

Day 1 慢跑30至60分鐘※

Day 2 慢跑30至60分鐘 或 跳繩5分鐘

Day 3 慢跑60分鐘※

Day 4 長跑15至20公里 或 爬山3至4小時

※有意識的以比1公里7分鐘(7'00''/km)更快 的速度跑。

第16至17週

Day 1 慢跑30至60分鐘※

Day 2 慢跑30至60分鐘※

Day 3 慢跑60分鐘※

Day 4 長跑15至20公里 或 爬山3至4小時

※以比1公里6分50秒(6'50''/km)更快的速度 跑。

練習的重點

計畫 1

早餐前跑步讓 身體感覺輕盈俐落

計畫 2

慢慢跑就好， 偶爾來次長距離練跑

計畫 3

讓身體適應比 1 公里 7 分鐘更快的速度

計畫 4

利用「加速跑」和 「全力跑」變換跑步速度

小出教練 的分析＆建議

目標「破5（SUB5）」！半年期的練習規劃

配速和跑法等詳細練習菜單請參見 p56~72

54

第18至19週

Day 1 慢跑30至60分鐘※

Day 2 慢跑30至60分鐘※

Day 3 慢跑60分鐘※

Day 4 長跑20至25公里 或 爬山3至4小時

※以比1公里6分50秒(6'50''/km)更快的速度。

身體保健
➡參見 p58

跑步日誌
的寫法
➡參見 p74

第20至21週

Day 1 慢跑30至60分鐘※

Day 2 慢跑30至60分鐘※

Day 3 慢跑60分鐘※

Day 4 長跑20至25公里 或 爬山3至4小時

※以比1公里6分50秒(6'50''/km)更快的速度。

第22至23週

Day 1 慢跑30至60分鐘※

Day 2 慢跑30至60分鐘※

Day 3 慢跑60分鐘※

Day 4 長跑20至30公里 或 爬山3至4小時

※以比1公里6分50秒(6'50''/km)更快的速度。

疲勞的時候，不要勉強，調整練習菜單吧！

第24至25週

Day 1 慢跑30至60分鐘※

Day 2 慢跑30至60分鐘※

Day 3 慢跑30至60分鐘※

Day 4 以比賽速度跑10至20公里

※以比1公里6分50秒(6'50''/km)更快的速度跑。
第26週參考其他菜單(p72)。

計畫 5

建立節奏，
休息時就好好休息

計畫 6

變化路線
提升跑步力並充電

計畫 7

體驗跑 30 公里

計畫 8

傾聽身體發出的聲音
調整訓練強度

第1至5週

每週 4 次的練習菜單

肚子餓的時候去跑步吧！

| Day 1 | 慢跑30至60分鐘 | 早餐前跑。 |

| Day 2 | 慢跑30至60分鐘 | 早餐前跑。 |

| Day 3 | 慢跑30至60分鐘 或 跳繩5分鐘 | 早餐前跑。 |

| Day 4 | 慢跑60分鐘 | 測看看能跑幾公里，同樣跑 60 分鐘，慢慢也能越跑越遠。 |

計畫 1

早餐前跑步 讓身體感覺輕盈俐落

胖的人從減重開始

目標是笑著破 5（在 5 小時內跑完全馬）的話，胖的人最好是先把體重減掉一些。光是這麼做就能跑得輕鬆點。減少 3 公斤後，就會像是把一直帶在身上的 3 公斤啞鈴放下來跑一樣。如果是全馬這樣的距離，感覺會更加明顯。

如果要減少脂肪，早餐前先流流汗吧

為了減輕體重，不要過度限制飲食比較好。雖然是要避免吃太多，但胡亂減少攝取量，反而有減去重要肌肉量的危險。好好地吃，再以運動增加能量消耗，就不會減到肌肉，而能減掉多餘的體脂肪。

我推薦早餐前跑步，是因為空腹跑步的話，容易使用到體脂肪這個能量來源。光是跑步就能減少體重。如果能利用體脂肪（為能量）來跑，跑全馬時就不易發生能量短缺的狀況了。

56

晨跑要特別注意的事項

Point 1 ## 確實補充水分

剛起床時，身體處於水分不足的狀態，練習前先喝水或運動飲料、果凍飲等，但不要喝到自己滿肚子水。

沒時間的話就跳繩吧！

Point 2 ## 不要像在閒逛

沒辦法在早餐前跑步的人不要勉強，吃點麵包後再跑也沒關係，或是改成晚上跑，只要找到適合自己的方法就 OK。

跳繩可以隨處進行，而且跳 5 分鐘就會滿身大汗。注意膝蓋不要抬高，左右腳交互落地，比較不容易受傷。

Point 3 ## 健走10分鐘後再慢慢地跑

不能突然就開跑，先健走讓身體做好準備，然後開始悠閒地慢跑，並漸漸提高速度。

吃太多的人要重新檢討飲食的量和質

來，分妳一半！

啊呀！謝謝。

還可以防止自己吃太多⋯

即使拚命運動，但吃的量很多，或是都吃高卡路里的食物，當然會瘦不下來。不要減少肌肉的來源──蛋白質，少吃脂肪和碳水化合物就好。為了預防貧血，要注意飲食均衡，拒絕零食。

中高齡跑馬拉松從身體保健開始

□接受健康檢查

身體原本就有狀況的人自然要做，但一般人也該透過健康檢查，和醫師做個討論比較安心。

在運動中心等做體能測試也可以。

來去做
體能測試吧！

和平常相比……

血壓較高

體溫較高

心跳較快

➡休息比較好

輕微的疼痛
或稍微有不對勁
都不會遺漏

□記錄身體狀況和運動量

記錄當天的身體狀況和練習內容、感想等。有做記錄的話，若是身體不舒服或有什麼變化，都能很快地發現。

年紀越大，身體會越來越硬，要好好放鬆

有很多人進入中高齡開始慢跑，並迷上馬拉松，想要嘗試各種挑戰。

但是，和年輕時相比，柔軟度和肌力都降低了。開跑前先檢查身體狀態，以健走或伸展練出「可以跑步的身體」後再開始跑吧！

訓練前後的保養也要細心。

□測量練習前後，甚至運動時的心跳

裝置心跳監測器後運動，能在當下判斷訓練強度是否得當。慢跑時的心跳數值（脈搏）基準請參見 p39。

熱身和整理運動請參見 p30~33，其他保養請參見 p43 和 p93。

伸展髖關節

兩腳掌相合盤坐，往地板方向輕壓膝蓋，伸展大腿的內側。

伸展腳後側

一腳伸直，一腳屈膝、腳底對著伸直的那隻腳坐著，然後上半身慢慢前傾（不要拱背）。

□身體溫暖後好好放鬆

和年輕的時候不一樣，關節等處會越來越僵硬。洗完澡，趁身體還溫熱時，做點伸展運動放鬆身體。

伸展臀部到腰的部位

一腳伸直，一腳屈膝並踩在伸直腳的外側坐著，身體往彎曲腳的一側扭轉。

□不要急，不要練過度

衡量自己的體力，不勉強配合練習內容，一點一點地進步就好。注意別過度埋首練習！

第6至10週

每週 4 次的練習菜單

讓身體習慣長時間運動

Day 1 慢跑30至60分鐘 ➤ 早餐前跑。

Day 2 慢跑30至60分鐘 ➤ 早餐前跑。

Day 3 慢跑30至60分鐘 或 跳繩5分鐘 ➤ 早餐前跑。

Day 4 長跑15至20公里 或 爬山3至4小時

悠閒的速度。以時間（1.5小時至2小時）做標準來跑也可以。

計畫 2

慢慢跑就好，偶爾來次長距離練跑

「每天悠閒的跑同樣距離」速度沒辦法變快

將跑步化為習慣是重要的，但每次都是跑同樣路線、同樣距離，還都用一成不變的悠閒速度去跑，以訓練來說是效率很差的。對路線、距離和速度做些變化，比較能看到練習的效果。

不提高速度，以長跑鍛鍊腳力

長跑的祕訣，在於不過分提高速度。會「哈—哈—」大口喘氣的速度是跑不遠的，要以自己能負荷的速度來跑。可以跑長距離，就會培養出能跑完馬拉松距離的強健雙腳。

特別是以全程馬拉松為目標的人，偶爾要跑一次長距離比較好。利用較容易抽出時間的週末，一口氣把練跑距離延長吧！

替代方案的爬山，我也很推薦。在有上坡、下坡的山路走上3至4小時，或是走路和跑步交替都很好。

爬山式的馬拉松訓練

 Merit 1 是個好訓練

持續走路數小時能強化腳力和心肺機能，在崎嶇不平的路上保持平衡行走，能鍛鍊軀幹和走在平地時不同部位的肌肉，還可以改善姿勢。

Merit 2 景色好，不會厭倦

接觸大自然轉換心情，與平時的練習相互調配，才能讓訓練持續下去。

爬山時要攜帶的物品

☐飲料　　☐替換衣物（包括襪子）　　☐地圖（路線指引等）

☐食物　　☐雨具、防寒用品　　　　　☐手錶

☐毛巾　　☐帽子、手套　　　　　　　☐手機

其他像是塑膠袋、面紙、太陽眼鏡和 OK 繃等帶著取用方便的物品。

第11至15週

每週 4 次的練習菜單

了解比賽速度

Day 1 慢跑30至60分鐘 → 早餐前,以比 1 公里 7 分鐘 (7'00''/km) 更快的速度跑。

Day 2 慢跑30至60分鐘 或 跳繩5分鐘 → 早餐前跑。

Day 3 慢跑60分鐘 → 以比1公里7分鐘(7'00''/km)更快的速度跑。最好能跑8至9公里以上。

Day 4 長跑15至20公里 或 爬山3至4小時 → 以悠閒的速度跑就好。但不要用走的,要全程跑步。

計畫 **3**

讓身體適應比1公里7分鐘更快的速度

可能達成破5的速度?

以 1 公里 7 分鐘的速度跑全馬,到達終點的時間為 4 小時 55 分。雖然算起來未滿 5 小時,但是如果再加上水分補給和上廁所的時間,還是太緊了。想要達成破 5(SUB5),必須有能以 1 公里 6 分 50 秒的速度,輕鬆跑完全馬的跑步能力。

試著好好觀察平時跑步的速度,然後認真去體驗 6 分 50 秒的速度吧!這在馬拉松訓練上也是重要的一環。

以破5為目標,但慢跑速度慢於 1 公里 7 分鐘的人,請練習一點一點地加快慢跑速度吧!

練出體力後,不要再悠閒地跑了,快速地大步向前吧!

我像最初開始一樣悠閒地跑。

了解自己的速度

不只要完賽而已,想要跑得更快,縮短跑全馬的時間,意識到速度是很重要的。了解自己的速度,目標的方向也會更明確。但是,平日練習時不用每次都在意速度,放開懷去跑吧!

速度的計算方法

$$\frac{時間 (例) 30分鐘}{距離 (例) 5公里} = \frac{速度}{(例) 6 分鐘/公里}$$

速度是「跑步的時間」除以「跑步的距離」。如果有碼錶或能計算一圈時間的手錶,跑步時也能確認速度。

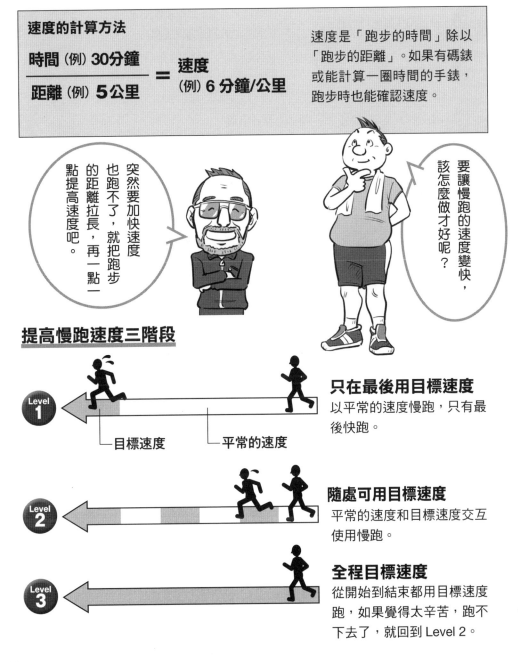

突然要加快速度也跑不了,就把跑步的距離拉長,再一點一點提高速度吧。

要讓慢跑的速度變快,該怎麼做才好呢?

提高慢跑速度三階段

Level 1

目標速度 　　 平常的速度

只在最後用目標速度
以平常的速度慢跑,只有最後快跑。

Level 2

隨處可用目標速度
平常的速度和目標速度交互使用慢跑。

Level 3

全程目標速度
從開始到結束都用目標速度跑,如果覺得太辛苦,跑不下去了,就回到 Level 2。

63

第16至17週

每週 4 次的練習菜單

加入有速度感的練習

Day 1	慢跑30至60分鐘	早餐前，以比1公里6分50秒(6'50''/km)更快的速度跑。
Day 2	慢跑30至60分鐘	早餐前，以比1公里6分50秒(6'50''/km)更快的速度跑。
Day 3	慢跑60分鐘	以比1公里6分50秒(6'50''/km)更快的速度跑，中途幾分鐘全力跑，後半也可加速跑。
Day 4	長跑15至20公里 或 爬山3至4小時	最後的1至2公里加速跑，以比1公里6分50秒(6'50''/km)更快的速度。

計畫 **4**

利用「加速跑」和「全力跑」變換跑步速度

偶爾要氣喘吁吁地跑

和訓練腳力一樣重要的是，強化心肺機能。氧氣若能有效率地送進肌肉，就能以更快的速度跑得更遠。

因此，偶爾要試著跑快點。

起初先以會喘的速度去跑，這個狀態應該還是能持續跑上一段距離。也可以用會氣喘吁吁的速度跑，雖然只能維持幾分鐘，但對鍛鍊心肺機能有很大效果。

也加入加速跑吧

從悠閒的慢跑，慢慢提高速度的練習，叫做「加速跑」。

比較容易的做法是只在最後用加速跑。

在平時慢跑的最後1至2公里才提高速度。重點是把速度加快到會開始喘，而最後則是將速度加到必須大口呼氣的狀態。

64

加上速度的變化來跑

在慢跑途中加入衝刺（全力跑），也是很棒的速度練習。先試試 50 公尺左右的衝刺。習慣之後，在慢跑或長跑練習時，加入衝刺，鍛鍊腳力和心肺機能。

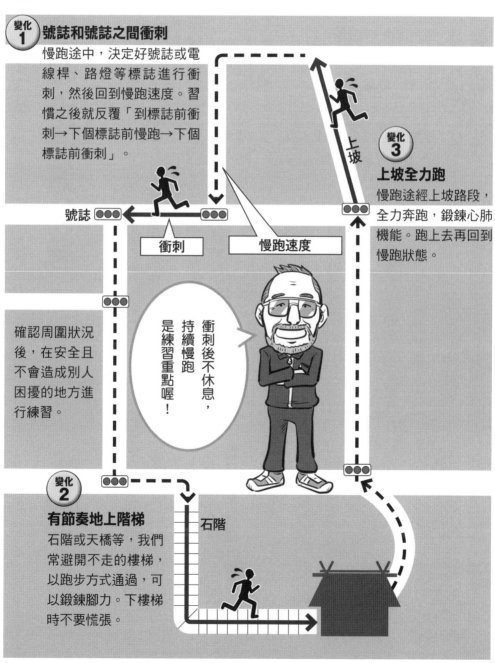

變化 1 號誌和號誌之間衝刺

慢跑途中，決定好號誌或電線桿、路燈等標誌進行衝刺，然後回到慢跑速度。習慣之後就反覆「到標誌前衝刺→下個標誌前慢跑→下個標誌前衝刺」。

確認周圍狀況後，在安全且不會造成別人困擾的地方進行練習。

號誌

衝刺

慢跑速度

上坡

變化 3 上坡全力跑

慢跑途經上坡路段，全力奔跑，鍛鍊心肺機能。跑上去再回到慢跑狀態。

衝刺後不休息，持續慢跑是練習重點喔！

變化 2 有節奏地上階梯

石階或天橋等，我們常避開不走的樓梯，以跑步方式通過，可以鍛鍊腳力。下樓梯時不要慌張。

石階

第18至19週

每週 4 次的練習菜單

想休息就休息

Day 1	慢跑30至60分鐘	早餐前，以比1公里6分50秒 (6'50''/km)更快的速度跑。
Day 2	慢跑30至60分鐘	早餐前，以比1公里6分50秒 (6'50''/km)更快的速度跑。
Day 3	慢跑60分鐘	以比1公里6分50秒(6'50''/km) 更快的速度跑，中途幾分鐘全 力奔馳，後半用加速跑。
Day 4	長跑20至25公里 或 爬山3至4小時	

以悠閒的速度跑就好。但不要用走的，要全程跑步。

計畫 5

建立節奏，休息時就好好休息

有些時候
就是不想跑……

當訓練進行得很順利，也要注意疲勞的累積。因為疲倦可能慢慢的囤積，當感覺到莫名地不想跑步時，很可能就是不知不覺累積太多疲勞了。

像這種時候就不要勉強自己，休息不跑會比較好。雖然有人會為休息而覺得有罪惡感，但我希望你們知道，休養也是練習的一部分。因訓練而

疲勞的身體在經過休息後會更強壯。

不安的心情
會在積極休養後消散

但是持續休息的話，花幾個月練出來的體力會急速消失。而聽說連續休息兩週，肌力就會回到訓練前的狀態。

所以我推薦積極地休養，做一些輕緩運動，讓體力不至於低落，還可以消除疲勞。

分別運用兩種「休養」

身體狀況差
的時候

睡眠不足
的時候

極度疲勞
的時候

完全休養

受傷、身體狀況不好或疲憊不堪時，就確實地休息，在家看電視或讀書，做些喜歡的事。

下雨的時候

有點不想跑步
的時候

想跑步但有哪裡痛
的時候

積極休養

替代跑步訓練，可做重訓或享受其他運動。透過輕緩運動，可以更快排除疲勞。

推薦這些運動

補強運動（重訓）	高爾夫
伸展	自行車
游泳	網球

補強運動的介紹
請參見 p94。

馬拉松的練習，
在路上跑是基本！
將菜單換到其他天進行，
雨天就做其他運動吧！

下雨天就在
跑步機上跑嗎？

在跑步機上跑，比上路跑更輕鬆，與實際接觸地面跑步用到肌肉方式也不一樣。為了訓練跑步能力，到外面跑會比較好。

第20至21週

每週 4 次的練習菜單

改變路線，轉換心情

Day 1 慢跑30至60分鐘 ▶ 早餐前，以比1公里6分50秒(6'50''/km)更快的速度跑。。

Day 2 慢跑30至60分鐘 ▶ 早餐前，<u>以比1公里6分50秒(6'50''/km)更快的速度跑。</u>

Day 3 慢跑60分鐘 ▶ <u>以比1公里6分50秒(6'50''/km)更快的速度跑</u>，中途全力跑個幾分鐘，後半再試著加速跑。

Day 4 長跑20至25公里 或 爬山3至4小時 ▶ <u>最後的 1 至 2 公里加速跑，</u>以比 1 公里 6 分 50 秒 (6'50''/km) 更快的速度。

計畫
6

變化路線
提升跑步力並充電

利用跟平時不一樣的路線均衡地鍛鍊

跑步的路線不要總是一樣比較好，平坦的路線、起伏很大的路線、柏油路、土地或草地等，在各種不同的路線上跑，可以給身體更多的刺激，提升跑步能力。

而且因分散了身體各部位的負擔，也比較不容易受傷。

若是繞圈的路線，相反行進方向也是不錯的選擇，看到的景色會與平常不同，令人耳目一新。

參加半程馬拉松比賽，發現新的自己

參加比賽也是為訓練增加變化的好方法，上下坡很多的比賽也不要避開，多多參與吧！既可轉換心情，還能發現自己的弱點。如果目標是全馬破 5 的人，選擇半馬的距離很適合，有跑過半馬的經驗，在全馬比賽時也會派上用場。

坡道的上級跑法

練習路線裡一定要加入「坡道」。跑坡道比起跑平地更辛苦，負擔也更重，能有效鍛鍊肌力和心肺機能，還可以調整姿勢。就從坡度緩的長坡道開始挑戰吧！

上坡

用力擺動手臂，步距小而確實地前進。

 OK

身體稍微前傾。

確實擺動手臂。

縮小步幅，想像腳往前放。

NG!

不要彎著腰，挺直身體。

下坡

放掉力氣，順勢地往下跑。

 OK

想像自己與地面垂直站立，讓身體略往前傾。

手臂在稍微下面一點的位置擺動。

放鬆讓身體自己控制速度，與其加大步伐，讓腳步變快比較好跑。

NG!

完全和上坡的姿勢不一樣。

令人害怕的陡急下坡不要硬跑。

第22至23週

每週 4 次的練習菜單

這個經驗會成為正式比賽的武器

Day 1 慢跑30至60分鐘 ▶ 早餐前，**以比1公里6分50秒 (6'50"/km)更快的速度跑。**

Day 2 慢跑30至60分鐘 ▶ 早餐前，**以比1公里6分50秒 (6'50"/km)更快的速度跑。**

Day 3 慢跑60分鐘 ▶ **以比1公里6分50秒(6'50"/km) 更快的速度跑**，中途全力跑個幾 分鐘，後半再試著加速跑。

Day 4 長跑20至30公里 或 爬山3至4小時 ▶

跑30公里的隔週，應配合身體狀況調整練習菜單（量）。

計畫 7

體驗跑30公里

長跑30公里， 緩和對於距離的不安

目標是破 5 的話，就挑戰一次跑步30至40公里吧！目的除了鍛鍊可以跑全馬的腳力，還可以確實體驗長距離跑步時會發生什麼事。而透過模擬比賽的體驗，也可以再找到自己的弱點。

以輕鬆的速度起跑，全程都要確實用跑的，這樣才能建立自信。

30公里長跑的建議路線

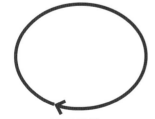

長距離的繞圈路線

距離很清楚，一圈若有 5 公里， 是很好的長跑路線。

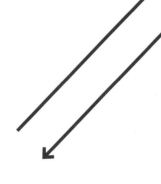

長距離的折返路線

由於景色會改變，可 以跑得很愉快、不厭 膩，我推薦風景好的 河堤。

70

當成正式比賽跑跑看

跑 30 公里是為了習慣長距離跑步的練習，同時也是藉機測試自己在正式上場時的能力和裝備是否足夠。就當成比賽來跑吧！

1　穿戴上正式比賽的鞋子和衣物　確認鞋子是否會有磨腳等不合腳的情況，以及會不會因酷暑、寒冷而穿得不舒服。

2　模擬比賽的時間規劃去跑　在和比賽相同時間帶跑步，跑前用餐的量和吃飯時間、準備運動等都要想像在正式比賽那樣進行。

3　跑步時補充水分和能量　在腰包放入水和補給後跑，或選擇會經過給水站的繞圈路線等，也要準備中途可補充水分的地方。

跑步後的檢查

☐ 速度如何？

是否一開始衝太快、速度沒控制好？後半段還有力氣維持速度嗎？

☐ 跑完了嗎？
☐ 輕鬆的跑完嗎？

如果無法跑完，應該找出原因，是否速度太快、身體狀況不佳，還是練習不夠等。面對不同的情況，有時也要下修比賽的目標。

☐ 有沒有發生狀況？

若有長繭、擦傷或痙攣等狀況，請參考比賽相關對策（p128）。

☐ 水分和能量的補給是否足夠？

若有途中口渴，或是喝太多水肚子脹脹的、沒有力氣跑之類的狀況，應調整水分補充以及食物補給的時間點和量。

激烈運動後要確實做好後續保養。

透過伸展或按摩、冰敷（參見 p31~33、43、59、93）等方式緩和疼痛或疲勞。

第24至25週

每週 4 次的練習菜單

消除疲勞和不過度休息

Day 1 慢跑30至60分鐘 ➡ 早餐前，以比 1 公里 6 分 50 秒 (6'50''/km) 更快的速度跑。

Day 2 慢跑30至60分鐘 ➡ 早餐前，以比 1 公里 6 分 50 秒 (6'50''/km) 更快的速度跑。

Day 3 慢跑60分鐘（第25週減到30分鐘）➡ 以比 1 公里 6 分 50 秒 (6'50''/km) 更快的速度跑。

Day 4 以比賽速度 (6'50''/km)跑 15至20公里（第25週減到10至15公里）➡ 保持速度。

第 26 週的練習菜單

Day 1 慢跑30至60分鐘 ➡ 早餐前，以比 1 公里 6 分 50 秒 (6'50''/km) 更快的速度跑。

Day 2 以比賽速度 (6'50''/km) 跑5公里 ➡ 保持速度。

Day 3 比賽前一天輕鬆慢跑 ➡

Day 4 出賽全馬 ➡

計畫 **8**

傾聽身體發出的聲音 調整訓練強度

休息和練習都要適度

比賽前三週是調整身體狀態的調整期間，在這段期間就算埋首長跑，也只是徒留疲勞，無法連結上好的結果。此時我希望你能不緊張、不累積疲勞地練習。

但是，休息過度將導致肌力低下。即使減少整體的訓練量，也要以比賽時的速度進行「比賽速度跑」，維持練習強度，這就是提高身體狀況的訣竅。

72

目標破 5（SUB5）的跑法

 要盡早到達終點該怎麼做？

A 儲存體力至後半。

平均速度（p119）基準為 1 公里 7 分鐘，如果能持續悠閒地慢跑，不需要太注意時間也沒關係，後半段不用走的是成功破 5 的關鍵。

Q 比賽的前一天去做按摩消除疲勞可以嗎？

A 前一天不要做比較好。

比賽前一天跑去按摩，會讓肌肉過於放鬆，所以不太建議去做。如果是想消除肌肉疲勞，在比賽一週前做會比較好。

Q 進入調整期後減少練習量，跑步能力不會變差嗎？

A 調整期的重點在於不勉強自己。

調整期的練習，和過去為了「鍛鍊」的練習不一樣，還是能維持已養成的跑步能力，不用擔心。

比起這個，運動量減少了，消耗的卡路里也會減少，應注意調整油脂和澱粉的攝取，不要發胖。

舒適馬拉松小講座 ②

寫跑步日誌

寫日誌後，我注意到了「比上週快了30秒」、「體重停滯，沒有減少」這些成長和變化。

那很好！ 但不要只是記錄數字，把注意到的事情或感想也寫下來，以後會派上用場的。比方說昨天跑完之後的感覺如何？

嗯～「比以前不累，好像更能跑了」，像這種感想可以嗎？

就是這樣，如果還能加上「為什麼還有力氣」這類思考，把想到的一些點記下來，之後再回過頭來看日誌，比如在擬練習計畫時，就能成為很好的判斷材料，「當時因為這樣，練習計畫就這樣訂好了」。

小提醒 使用容易持續的工具

不管是手寫或輸入電腦，選擇自己容易持續的方法記錄（參考下面舉例），這就是持之以恆的訣竅。養成在練習當天就記錄的習慣更好！

- 市售的跑步日誌
- 部落格
- 筆記本
- 智慧型手機的應用程式
- 記事本一角
- 相關網站

（「Jog note」http://www.jognote.com/top等）

每日的記錄成為財產

注意身體變化
提高健康意識

除了體重和體溫之外，也記下「疲勞感堆積」、「右膝卡卡的」這類感想，容易注意到身體不適或受傷徵兆。

重新檢視練習菜單
的判斷材料

要為訓練做調整時，如升級練習或減少負擔，過去的練習內容和感想能成為判斷的參考。

練習軌跡
讓自己有自信

自己至今跑了多久？回頭看記錄時會很開心，計算每月跑步距離或年度跑步距離也很快樂。

找到成長的關鍵

寫下自己的心情和想法，在練習不順利時將成為支持的力量，也能找出需要改善的地方。

和其他跑者交流

跑步距離和練習路線等記錄，能成為跑友之間的話題素材，記錄在部落格或社群網站，可以和更多人交換資訊。

可以日後確認
（備忘錄）

比賽當天穿什麼衣服？幾點吃飯？做了什麼準備？詳細記錄下來可成為下次比賽的參考。

5 分鐘就能寫好的簡易記錄是持之以恆的訣竅。

練習的記錄

記錄練習時感覺與注意到的事情，若覺得疼痛或怪怪的，要記下部位和程度，以及做了什麼處理。

記下正餐內容、零食和酒水等也很有幫助。

●〈感想、注意〉	●〈飲食〉		
	早	午	晚
疲勞度…… 弱　普　強			
	早	午	晚
疲勞度…… 弱　普　強			
	早	午	晚
疲勞度…… 弱　普　強			

修正練習菜單

持續感覺疼痛或怪怪的話，可以回溯日誌找尋原因。「一口氣延長了跑步的距離」、「突然加上坡道練習」、「疲勞未排解」等，若有在意的點就重新調整練習菜單。

對減重也有用

記錄飲食內容也可以當成減肥日誌使用。營養是否均衡？可以每週回顧一次。

從天氣或氣溫、陣風強度的記錄，有時也能看出天氣對於身體狀況的影響。

也可做為鞋子的記錄
寫下換穿新鞋的日子，可以做為新鞋跑多久的參考。

的心跳數（脈搏數）、睡眠時間等，更能掌握身體狀況。

記錄血壓和起床時的心跳數（脈搏數）、睡眠時間等，更能掌握身體狀況。

除了記錄練習內容和時間，還可對補強運動或游泳等跑步以外的運動做記錄。若是有接受按摩也可以寫下來。

	〈身體狀況〉	〈距離〉	〈練習內容〉
／ （　）	體重　　　公斤 體脂肪率　　　% 體溫　　　℃ 身體狀況…良　普　惡	公里 月間總距離 公里	
／ （　）	體重　　　公斤 體脂肪率　　　% 體溫　　　℃ 身體狀況…良　普　惡	公里 月間總距離 公里	
／ （　）	體重　　　公斤 體脂肪率　　　% 體溫　　　℃ 身體狀況…良　普　惡	公里 月間總距離 公里	

變化劇烈是休養的訊號
體溫、心跳數和血壓等，若和平常不一樣，就不要勉強跑。如果出現劇烈的變化，就算沒有自覺症狀，也該做好體能管理。

檢討進階可能
習慣了練習菜單，可輕鬆完成的時候，就是該進階的訊號。跑步距離或時間、速度等，可以稍做強化。不要對距離和速度操之過急，「一步步地」、「慢慢地」提高負荷，這點非常重要。

練習的記錄和比賽記錄
分別整理好，日後隨時拿出來
回顧很方便。

比賽記錄

〈賽事名〉

（　　　） 　　　年　　　月　　　日（　　） 天氣　　　（　　℃）
全程馬拉松　　半程馬拉松　　10公里　　其他（　　公里）
〈目標時間〉 〈比賽結果〉
　　　小時　　　分　　　秒 　　　小時　　　分　　　秒

〈詳細時間〉

區間	分段時間	速度（公里）	內容
～ 5 公里			
～ 10 公里			
～ 15 公里			
～ 20 公里			
～ 25 公里			
～ 30 公里			
～ 35 公里			
～ 40 公里			
～終點			

回顧比賽

詳盡的記錄內容，能在回顧時輕鬆了解是次什麼樣的比賽，也能當作訂立下個目標的判斷材料。

〈時程、記錄〉

〈感想、注意〉

做為下次比賽的參考

前一天晚餐內容和就寢時間，當天起床後早餐、移動、到達會場的過程和等待時做了哪些事（上廁所、換衣服、準備運動、飲食）、抵達終點後的行動等，詳細記錄起來可當成備忘錄為以後所用。

Lesson 3

以短時間練習，瞄準「4小時內跑完全馬」

想用短時間練習達成「破4」
短時間訓練到邊喘邊向前衝

profile

長谷部 孝 先生 （41 歲　176cm　65kg）

目標＆自我檢視（p14）整理

目標	3個月後在全馬比賽達成「破4」。
能練習的日子	每週2至3次（平日一天、六、日） ※ 最近，連週末也要和家人度過，不太能抽出時間。
現在的程度	總之能跑完全馬（5小時3分），以前平日夜間會跑1小時左右，週末則跑15公里。

第一次跑馬拉松是個不錯的經驗呢。

前半的快跑感覺很暢快吧，選半馬的話，應該會有很好的紀錄。

沒這回事啦。

那時因會場氣氛太嗨，讓我忍不住飛奔了。

這個我後面會再跟你詳細說明。你只要可以做到控制前半的速度，在後半爆發的「後半型跑法」，下次比賽一定會拿到個人最佳紀錄。

因此，在正式比賽前調整成能用1公里5分30秒跑20公里的狀態吧。

回顧過去的比賽

初全馬的比賽結果

□時間　5 小時 3 分

□比賽內容　剛起跑很緊張，但腳感覺很輕，5 公里左右開始能順利飛奔，心情大好。用了比預想更快的速度，但是過了折返點，腳就如預期動不了且速度下降。從 30 公里後就或走或跑，總之還是有完成賽程。

> 這很明顯是跑太快了，前半就把能量用完。

長谷部先生的馬拉松練習重點

● 熟稔後半型跑法

● 透過速度練習加強練習負荷

● 零碎時間可以用補強運動鍛鍊

好，我會努力的！只是我家剛添新成員，不太能抽出可自由練習的時間……。

嗯，一般市民跑者還是要以工作和家庭為優先。這樣吧，那我們就在練習菜單下工夫！比如速度練習，若是能以讓呼吸急促的速度來跑，就算跑的時間很短，也會是次好訓練。還有，用抱小孩來訓練肌肉、推著嬰兒車健走也不錯。

原來照顧小孩的同時還能做訓練啊！全看我的做法了，感覺好像可以比過去更充實的練習呢。

小出教練的分析&建議

目標「破4（SUB4）」！三個月期的練習規劃

每週3次的練習菜單

 第1至2週

Day 1 全力跑20分鐘※1

Day 2 「慢跑10分鐘＋全力跑5分鐘」×3回合

Day 3 長跑15至20公里※2

※1 比平常更仔細地熱身。
※2 最後1至2公里用加速跑。

 第3至4週

Day 1 全力跑20分鐘※1 或 全力跑10分鐘×2次※1

Day 2 配速跑50至60分鐘※1

Day 3 長跑20至25公里※2

※1 比平常更仔細地熱身。
※2 最後5公里用加速跑。

 第5至6週

Day 1 全力跑15分鐘×2次※1

Day 2 全力跑10公里※1

Day 3 長跑20至25公里※2

※1 比平常更仔細地熱身。
※2 最後5公里以比1公里5分30秒
　　(5'300''/km)更快的速度跑。

 第7至8週

Day 1 200公尺長坡道來回跑×5至10次※ 或 全力跑30分鐘※

Day 2 全力跑15公里

Day 3 長跑30公里

※ 比平常更仔細地熱身。

練習的重點

 計畫1

要有好的訓練，必須兼顧「家庭和睦」

 計畫2

以跑到「氣喘吁吁」彌補練習時間的短暫

 計畫3

最重要練習：長跑日的最後要加速跑

計畫4

利用爬坡訓練增強腳力和體力

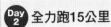
配速和跑法等詳細練習菜單請參見p84~98。

零碎時間就
做補強運動
➡ 參見 p94

第9至10週

Day 1 200公尺長坡道來回跑×5至10次[1]
或 全力跑30分鐘[1]

Day 2 「慢跑10分鐘＋全力跑10分鐘」
×2至3回合
或 配速跑20公里[1]

Day 3 長跑30公里[2]

※1 比平常更仔細地熱身。
※2 想像比賽狀況的加速跑。

感覺疼痛或
怪怪的時候
......
➡ 參見 p100

第11至12週

Day 1 全力跑5至10公里[1]

Day 2 全力跑5公里×2至3次[1]

Day 3 比賽速度跑15至25公里[1][2]

※1 比平常更仔細地熱身。
※2 以1公里5分30秒(5'300''/km)的速度。

第13週

Day 1 比賽速度跑5至8公里[1][2]

Day 2 微慢跑

Day 3 出賽全馬

※1 比平常更仔細地熱身。
※2 以1公里5分30秒(5'300''/km)的速度。

計畫 5

平常練習
結束前像比賽一樣
跑 30 公里

計畫 6

排解疲勞
的同時學會配速，
掌握比賽節奏

計畫 7

以賽前三天
的練習達成
「後半型跑法的腳力」

就算時間不長，
只要肯下工夫，
無論如何
都能練習的喔。

Day 1 的練習好像
都能在1小時內完成呢！

要有好的訓練，必須兼顧「家庭和睦」

第1至2週

每週 3 次的練習菜單

※ 比平常更仔細地熱身（15 至 20 分鐘），
身體確實暖和後再開始練跑。

 每週一次的顧小孩跑步

Day 1 全力跑20分鐘※ 　　整整 20 分鐘都用全力去跑
（詳細請參見 p87）。

Day 2 「慢跑10分鐘＋全力跑5分鐘」×3回合

Day 3 長跑15至20公里
最後的1至2公里用加速跑（參見 p88）。

為了神清氣爽地跑步，「平靜的生活」是必要條件

馬拉松訓練需要相當的時間，所以應先思考如何才能找到相對的時間。工作忙到不可開交，或是家裡吵吵鬧鬧，就生不出跑步的餘力。

最關鍵的一點，要能得到同事和家人對馬拉松的肯定與鼓勵。當自己和周圍的人都樂在其中，就容易找出練習的時間。

肯下工夫的話，做什麼都能成為訓練

家裡如果有小小孩，可以利用專門的嬰兒車做嬰兒車跑步法＊。就算是普通的嬰兒車，只要推著它健走，也能在照顧小孩的同時流流汗。

此外，和孩子玩的時候，可以透過抱小孩做重訓。在車站（不搭扶梯）爬樓梯、提前一站下車步行等，想想練習菜單外生活中能做的訓練。

＊進行嬰兒車跑步法時，一定要用專門的嬰兒車，在安全的路線跑。
　小嬰兒如果不喜歡就不要硬跑。

84

還可以像這樣
推著嬰兒車散步

Point 1

在有緩坡的地方散步

選擇路比較寬、不會為自
己和周圍帶來危險的散
步路線，如果途中還有緩
坡就更棒了。

Point 2

意識到自己的
姿勢和腳步

推著嬰兒車的同時，有意
識的去注意自己的姿勢
和腳步等。

Point 3

腳上加負重

在腳踝加上沙袋，或是穿
比較重的鞋子，增加腳的
負荷也是一種訓練方法。

第3至4週

每週 3 次的練習菜單

※ 比平常更仔細地熱身（15 至 20 分鐘），
身體確實暖和後再開始練跑。

 只有30分鐘也能充實的練習！

Day 1

全力跑20分鐘※
或
全力跑10分鐘×2次※

同樣是跑 20 分鐘，但要能
跑得比第 1 至 2 週更遠。

Day 2

配速跑50至60分鐘※

以1公里5分40秒(5'40''/km)的
速度跑。

Day 3

長跑20至25公里

最後5公里用加速跑（參見p88）。

以跑到「氣喘吁吁」彌補練習時間的短暫

全力奔跑，有效率地提高速度

對於沒什麼練習時間的人，我會推薦「全力」奔跑的訓練。事先決定好跑的時間和距離，在那個時間（距離）內盡全力快跑，努力跑到呼吸時必須大口喘氣。

雖然比跑馬拉松時的速度更快，但是沒關係，這種跑法對鍛鍊腳力和心肺機能非常有效，之後以比賽速度＊去跑也會變輕鬆。

＊要達成破 4（SUB4）的平均速度是1公里5分40秒，而後半型跑法必須達成的比賽速度是1公里5分30秒（參見 p97、118）

練習後能力會變強，
菜單也要跟著
進階才行。

為什麼每兩週就要
更換菜單？

透過練習鍛鍊出來的身體，持續同樣的練習菜單將會太輕鬆（負荷不足）。每兩週只是個基準，傾聽自己身體發出的聲音，如果感覺菜單練起來游刃有餘，好像能再多做一點，就加強負荷。

「全力跑」是這樣跑

以自己的全速跑完決定好的距離（或是決定好的時間，選擇自己容易做到的），最初先從較短的距離開始跑，再逐漸延長距離。切記，距離越短，全速也就越快，並不是跑的距離短就比較輕鬆。

配合距離全力奔跑

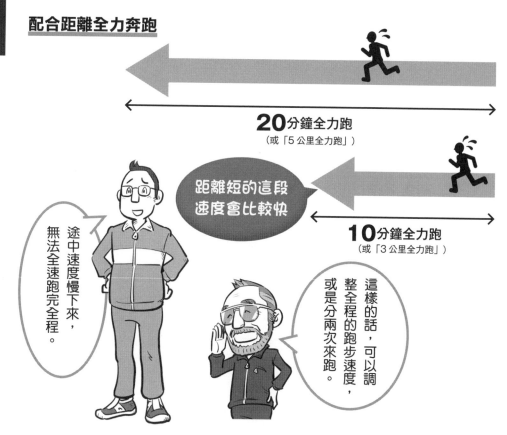

20分鐘全力跑
（或「5公里全力跑」）

距離短的這段
速度會比較快

10分鐘全力跑
（或「3公里全力跑」）

途中速度慢下來，無法全速跑完全程。

這樣的話，可以調整全程的跑步速度，或是分兩次來跑。

「20分鐘全力跑」有困難的話，改成「10分鐘全力跑×2次」試試看

休息

10分鐘全力跑

10分鐘全力跑

分段後保持速度，先跑10分鐘，調整呼吸，再跑10分鐘。
距離越短，全速也就越快，無法說分段會比較輕鬆。

最重要練習：
長跑日的最後要加速跑

最後再努カ一下！

Day 1	全力跑 15分鐘×2次※	15分鐘的全力跑後，短暫休息再跑，做兩次。
Day 2	全力跑10公里※	測量時間。
Day 3	長跑20至25公里	最後5公里的速度要比1公里5分30秒(5'30''/km)快。

為了訓練腳力，
必須做「長跑練習」

　要跑全馬，就不可不做長距離的跑步訓練。如果目標是破4，盡可能每週一次，最少也要10天一次，練習跑步20至25公里，這樣才能鍛鍊出耐得住跑42公里的腳。

　若是以1公里6分鐘的速度估算，跑完20公里要2小時，25公里要2小時30分鐘，利用假日的早晨，容易切分出完整的時間來練習，應該不難做到

加上速度練習，
鍛鍊腳力和心肺機能

　長跑時，在途中加上速度變化，不只能加強腳力，也是有複合效果的訓練。

　最後一段改為加速跑，跑到呼吸變急促，可以收到速度變快的效果。在習慣之後，可以全程都用加速跑，是一種類實戰的訓練法。

吧。放假前一天晚上也很推薦跑步回家。

「長距離的加速跑」這樣做

要達成破4（SUB4），首要就是訓練腳力。長跑日的練習是最重要且不可缺少的，再加上加速跑的話，還能在長距離練習時養成速度的建立，對後半型跑法也是個好練習。

1 長距離的最後一段用加速跑

悠閒長跑 20 至 30 公里時，在最後 5 公里加速，跑到呼吸變急促的速度。感覺跑得比較輕鬆後，就拉長加速的距離。

最後只要自己認為「盡力跑了」就 OK。如果途中速度下降，起跑時可再放慢點，讓自己能一路提高速度跑完全程。

2 長距離的全程都用加速跑

一開始用像在走路的速度跑也 OK，慢慢提高速度是後半型跑法的實踐練習。

第7至8週

每週 3 次的練習菜單

※ 比平常更仔細地熱身（15 至 20 分鐘），
身體確實暖和後再開始練跑。

計畫 4

利用爬坡訓練增強腳力和體力

去跑有很多坡道的路線吧！

Day 1 200公尺長坡道來回跑×5至10次※ 或 全力跑30分鐘※

就算時間很短，也要加上讓呼吸變快的負荷來跑。

Day 2 全力跑15公里※

測量時間。

Day 3 長跑30公里

重點放在跑步距離，可以不用太在意速度。

**跑過坡道
就能確實變強**

坡道跑步訓練可以期待收到多重效果。

上坡必須把身體往上帶，和跑平坦路線相比，腳的負擔會比較大；而下坡時為了支撐身體，腳著地也會給肌肉大量負擔。這些都是跑坡道可強化腳部肌力的原因。

因為上坡也會帶給心肺較大負擔，能收到強化心肺機能的效果。此外，姿勢不良就無法有效率的上坡，所以很自然就

會摸索出合理的跑步姿勢。建立在坡道上跑步的自信，也是其中一個效果。

**就是忙碌的人
才更應該做坡道來回訓練**

坡道來回訓練，是在一百至二百公尺的坡道快速上坡，然後慢跑下坡。做上10次所需時間也不長，卻能給身體施加大量負荷，強化腳部肌力和心肺機能，是一種適合推薦給沒有時間的跑者的訓練方法。

90

「坡道來回訓練」這樣跑

沒多少時間練習的話，可以做坡道來回訓練。Q醬高橋尚子會在1哩（約1.6公里）長的坡道做來回訓練。那麼長的坡道並不常見，大家可以找看看自家附近有沒有不錯的小坡。

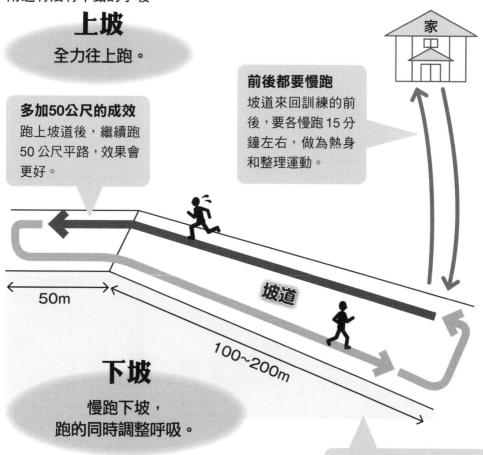

上坡

全力往上跑。

多加50公尺的成效
跑上坡道後，繼續跑50公尺平路，效果會更好。

前後都要慢跑
坡道來回訓練的前後，要各慢跑15分鐘左右，做為熱身和整理運動。

家

50m

坡道

100~200m

下坡

慢跑下坡，
跑的同時調整呼吸。

那就跑慢一點吧！
在身體習慣之前，
下坡也可以用走的。

要全力跑的話，
我連5次都跑不完
……

**100公尺以上
的坡道最理想！**

坡長有100至300公尺最好，雖然也會受到坡度影響，但是100公尺坡道建議跑上10次，200公尺坡道就跑5次，以這個為基準去跑跑看。

坡道的上級跑法請參見p69。

第9至10週

每週 3 次的練習菜單

※ 比平常更仔細地熱身（15 至 20 分鐘），
身體確實暖和後再開始練跑。

20公里後努力提高速度

Day 1　200公尺長坡道來回跑×5至10次※
或 全力跑30分鐘※

Day 2　「慢跑10分鐘＋全力跑10分鐘」×2至3回合 或
配速跑以1公里5分40秒(5'40''/km)的速度跑20公里

Day 3　長跑30公里(加速跑)

以1公里5分50秒(5'50''/km)的悠閒速度起跑，再慢慢加速，最後10
公里以比1公里5分30秒(5'30''/km)更快的速度去跑。

計畫 5

平常練習結束前像比賽一樣跑30公里

實際體驗「後半型跑法」

在比賽之前，至少要像比賽那樣跑一次30公里的距離，這個時候是體驗「後半型跑法」（p118）的最佳時機。

前半以游刃有餘的速度開始，途中漸漸加快速度，以比破 4 均速更快的速度跑完。

這樣的配速很少失敗，很容易建立自信。

在完成長距離跑步後，要確實保養身體，防止受傷。

現在能察覺到太好了！
距離比賽，
還有三個禮拜的時間，
趁早好好保養吧！

若因暫時沒去跑步而不安，可以做些補強運動（參見 p94）。

腳感覺很疲勞，
好像整個都麻掉了，
但就快要比賽了……

92

感覺哪裡怪怪的要趁早保養

就算是輕微疼痛或是哪裡怪怪的（不是肌肉痠痛），出現在意症狀時就要早點處理。好好休息、伸展（p31~33、59）或按摩、冰敷等，都能緩和疲勞，保養好身體避免受傷。

保養 1 跑完後冷卻發熱部位
冰敷

膝蓋、小腿、腳踝等感覺疲勞或疼痛的部位可冰敷 10 分鐘。將冰塊放入塑膠袋，把冰袋置於患部上，或是在水桶裡加入冷水後用來泡腳也 OK。

冰敷的理由

激烈運動後，肌肉和肌腱會輕微發炎，冷卻該處可以除熱、抑制發炎症狀。受到冷刺激而收縮的血管，在冰敷後會張開，使血流順暢，能更順利地排除疲勞物質。

保養 2 好好放鬆全身
按摩

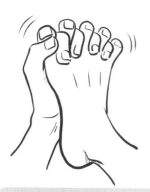

能收到消除疲勞效果的方式，有泡澡和按摩，可放鬆緊繃的肌肉，回復柔軟、輕鬆的身體狀態。不只是雙腳，手臂、臀部和肩膀周圍也不要忽略了。腰背等自己不好按摩的部位可請人幫忙，或是做做伸展操也不錯。

腳背疲勞
要怎麼樣按摩呢？

如上圖，手指和腳趾交互相握（右手握左腳，左手握右腳），手用力握緊，可以撐開腳趾，趾間拉開後會感覺放鬆些。

腳底如何放鬆？

在腳底踩顆高爾夫球滾動，但為了防止跌倒，最好扶著牆或坐在椅子上做。此外，也很推薦青竹踏（譯註：青竹踏是站在青竹上，利用自身體重進行腳底按摩的工具。一般會使用 40 至 50 公分長的竹子，切半後乾燥製成）。

勤快地進行補強運動

善用零碎時間

足腰的訓練

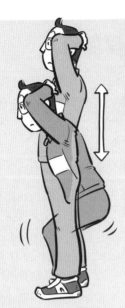

10 次 ×
從 2 至 3 回合開始

雙腳張開與肩同寬，挺直腰背站立，一邊吸氣一邊慢慢地往下蹲，吐氣的同時站起來，就算完成 1 次動作。這個動作可以強化大腿、臀部和背部的肌肉。

手臂和肩膀的訓練

10 次 × 從 2 回合開始

雙手張開略寬於肩膀，挺直腰背做伏地挺身。做不到的人可以跪著做，目標是 1 天100 次。

體幹練精實後，
跑步會更有推進力喔！

跑馬拉松需要的肌肉，透過跑步來訓練是最好的。練習時間越少的人，越是要把所有時間都花在跑步上。

另一方面，睡前 10 分鐘、洗完澡後的 5 分鐘等，在這些無法跑步的零碎時間做點肌肉訓練吧！不只是腳部，強化全身多處肌肉，更能跑出好成績。

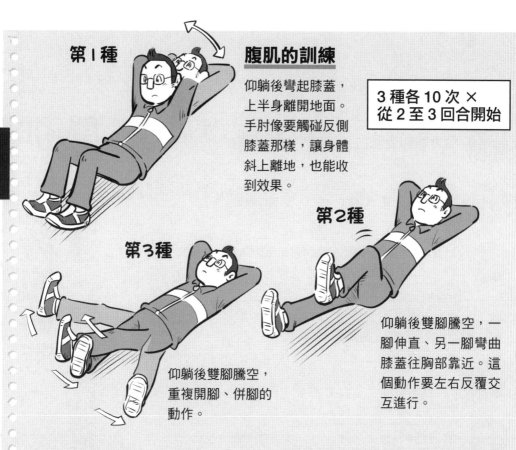

第1種

腹肌的訓練

仰躺後彎起膝蓋，
上半身離開地面。
手肘像要觸碰反側
膝蓋那樣，讓身體
斜上離地，也能收
到效果。

3 種各 10 次 ×
從 2 至 3 回合開始

第2種

第3種

仰躺後雙腳騰空，
重複開腳、併腳的
動作。

仰躺後雙腳騰空，一
腳伸直、另一腳彎曲
膝蓋往胸部靠近。這
個動作要左右反覆交
互進行。

背肌的訓練

趴在地上，舉起右手和左腳，放下換邊，舉
起左手和右腳，最後雙手雙腳同時上抬，這
樣就算完成 1 次動作。

10 次 ×
從 2 至 3 回合開始

第11週

每週 3 次的練習菜單

※ 比平常更仔細地熱身（15 至 20 分鐘），
身體確實暖和後再開始練跑。

以週為單位減輕負荷

Day 1 全力跑10公里※

測量距離有困難的話，可改用全力跑
45 分鐘等時間單位也 OK。

Day 2 全力跑5公里×3次※ ▸ 測量時間。

Day 3 以比賽速度1公里5分30秒(5'30''/km)
跑20至25公里※

想像在正式比賽，維持速度去跑。

第 12 週的練習菜單

Day 1 全力跑5公里※

測量距離有困難的話，改成全力
跑 20 分鐘也 OK。

Day 2 全力跑5公里×2次※ ▸ 測量時間。

Day 3 以比賽速度1公里5分30秒(5'30''/km)
跑15至20公里※

第12 週的菜單為第11 週的一半強度。

計畫
6

排解疲勞的同時 學會配速，掌握比賽節奏

確實加上負荷，力量還能繼續提升

比賽三週前開始調整練習，目標不是強化，而是調整身體狀況。

消除疲勞雖然很重要，但只是休息的話，會讓肌力急速下降，心肺機能也會跟著低落。

所以要進行強度不減的訓練，但減少整體的訓練量。

另外，以比賽速度來跑，讓身體記住那個速度感也很重要。

「比賽速度跑」是這樣跑

在隨著比賽時間接近而降低負荷的調整期間，「比賽速度跑」是維持住過去所養成肌肉的重要練習。來做一次最後確認，看看是否能照目標速度跑完吧！

全馬比賽　後半型的速度分配（SUB4）

開頭悠閒地跑，中段逐漸提高速度，最後約 12 公里用最快的速度去跑，就是「後半型跑法」（參見 p118）。最後 5 分 30 秒的速度，就是達成破 4 的比賽速度。

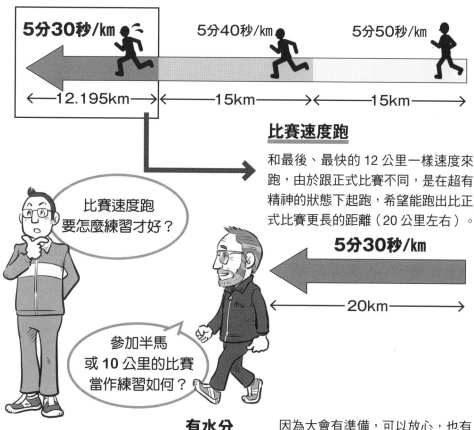

5分30秒/km ←12.195km→

5分40秒/km ←15km→

5分50秒/km ←15km→

比賽速度跑

和最後、最快的 12 公里一樣速度來跑，由於跟正式比賽不同，是在超有精神的狀態下起跑，希望能跑出比正式比賽更長的距離（20 公里左右）。

5分30秒/km

←20km→

比賽速度跑要怎麼練習才好？

參加半馬或 10 公里的比賽當作練習如何？

參加比賽，以比賽速度跑能得到許多好處

有水分補給	因為大會有準備，可以放心，也有專人量測時間和距離。
可在群體中跑	跟大家一起跑，不會被周圍吸去注意力，能維持自己的速度練習。
做為正式比賽的賽前練習	在比賽這種實戰環境下，如果能用比賽速度去跑，可以建立正式出賽的自信。

第13週

每週 3 次的練習菜單

不要去做改變，就照平常一樣練習

※ 比平常更仔細地熱身（15 至 20 分鐘），身體確實暖和後再開始練跑。

計畫 **7**

Day **1**　以比賽速度 1公里 5分30秒(5'30''/km) 跑5至8公里※

加上準備運動也不用花到 1 小時，**在比賽 3 天前能做到的話最好不過**。

Day **2**　微慢跑

前一天跑就好，如果工作忙到抽不出時間，利用通勤時快走也可以。

Day **3**　全馬出賽

以賽前三天的練習 達成「後半型跑法的腳力」

完成。

「覺得腳有點重重的」這樣的感覺剛剛好

很多人會在疲勞感完全去除的狀態調整速度。但是跑全馬時以起跑後感覺「腳有點重」的狀態來調節比較好。

如果一開始感覺腳步輕盈，前半雖然跑得相當愉快，但此時加快速度的話，後半就容易因步伐紊亂而失速。

因此，如果能讓腳感覺有點重重的，自然就能控制住前半的速度，使後半的加速有可能

比賽 3 天前的練習很重要

要讓腳感覺有點重，必須要在最後一週練習比賽速度跑。

如果目標是破 4，比賽 3 天前跑 5 至 8 公里最理想。

要是時間實在喬不出來，或是當天的天候不佳，把練習調整到比賽的 4 天前做也可以

（參見 p109）。

目標破 4（SUB4）的跑法

Q 要成功達成破 4
該怎麼跑才好呢？

A 在跑到 30 公里前都不要狂奔。

後半能用比前半快一點的速度跑，是確實發揮本身實力的訣竅。別想著要在前半超前，保持體力到 30 公里左右才是上策。

Q 我會因為在意時間
一直不斷地看手錶……

A 比起時間，更重要的是節奏。

一邊看著手錶，調整每公里速度很容易累，把重點放在節奏上，以適合自己的節奏來跑比較好。當身體記住了跑步節奏，每 5 公里注意一次時間就很足夠了。

Q 覺得自己練習不夠，
感覺很不安……

A 沒問題的！
為自己加油後站上起跑線。

跑全馬會受到精神面相當大的影響，越是感到不安，越要貫徹後半型跑法。在後半段一個一個地追過其他跑者吧！追過他們時，你的不安也會隨之消除。

Lesson 3

以短時間練習，瞄準「4 小時內跑完全馬」

舒適馬拉松小講座 ③
不要忽略身體的訊號

只要跑步，就會覺得右腳小腿前面怪怪的。就這樣繼續練習下去好嗎？

感覺怪怪的或是疼痛，都是身體發出的重要訊號。應該視為使用過度，或是給使用者的警示，這是錯誤使用身體的方式，要盡早開始保養。

原來如此～但我既不想受傷，又想要增加練習量，要如何才能做到不過度使用呢？

嗯，預防受傷最重要的就是別突然增加跑步量。慢慢加強練習的負荷吧！一旦感覺不適，一定要盡快處理，才可以預防受傷。

小提醒 **防止受傷的7個要點**

□自穿上合腳的鞋子（參見 p46）

□胖的人先減重

□跑步距離不要一下子拉長太多

□訓練前後都要好好保養（參見 p30、43、93）

□感覺疼痛或怪怪的就不要再跑

□不要累積疲勞，要適度休息

□擔心身體狀況就盡早向專科醫生求診

脖子、肩膀

脖子往前伸，或者肩膀用力，脖子和肩膀周圍的肌肉就會緊張僵硬。上半身不要用力，放鬆跑步。慢跑時也可以轉轉手臂、脖子，或是上下動動肩膀，讓肌肉放鬆一些再跑。

重新調整姿勢
➡參見 p29
伸展
➡參見 p31

疼痛持續不止的話，請不要忍耐，早點去整形外科等找專科醫生諮詢。

背部

身體傾斜，或者擺動手臂時過於用力，有時會導致背部疼痛。想像有根繩子從你的頭頂往上拉，伸直背脊，放鬆跑步。也可以做背肌訓練或伏地挺身等補強運動。

重新調整姿勢➡參見 p29
伸展➡參見 p31
補強運動➡參見 p94

腰部

以彎著腰的姿勢跑步，會給腰部很大的負擔。要注意保持挺直的姿勢，鍛鍊腹肌會讓姿勢變好，也不容易腰痛。腰部以下（下半身）若感覺重重的，有可能是疲勞的關係，可透過按摩或伸展好好放鬆，也可以做扭轉腰部的體操。

重新調整姿勢➡參見 p29
伸展➡參見 p31、32
補強運動➡參見 p94

臀部至大腿

跑過頭（跑步過度）的話，可能造成臀部或大腿根部及大腿周圍的肌肉發炎，甚至引發神經痛。感覺不太對勁，就趕快休養，透過伸展好好放鬆雙腳到臀部。

伸展➡參見 p32

停止練習，等不適感消除後，再以比以前「負荷量低」的訓練重新開始吧！

膝蓋

膝蓋很容易因跑步而疼痛，但發生的原因有很多。平時就要以伸展或補強運動來預防，若是膝蓋內側不適就放鬆大腿內側的肌肉，如果是外側感覺怪怪的就放鬆大腿外側肌肉。因為發炎而發熱的話就施以「冰敷」來冷卻患部，這樣能加快恢復。

※ 先以健走或悠閒慢跑確認是否還會痛，再慢慢增加慢跑的時間。

伸展➡參見 p32
冰敷➡參見 p93
補強運動➡參見 p94

跑者常見傷害

「髂脛束症候群」（跑者膝）

通過膝蓋外側的筋膜發炎，引發疼痛。O型腿的人發生機率較高，大腿外側沿著膝蓋到臀部要好好放鬆。

「髕骨肌腱炎」（跳躍膝）

膝蓋髕骨下緣的肌腱發炎，引發疼痛。增加髕骨上方股四頭肌（大腿前面）的柔軟度，可以減輕疼痛。

「鵝足肌腱炎」

膝蓋內側周圍的肌腱發炎，引發疼痛。X型腿的人常發生的運動傷害，放鬆僵硬的大腿內側肌肉就會改善。

小腿、小腿肚

有時會因過度用力或腳踝僵硬而疼痛，按摩或伸展可幫助放鬆。

伸展➡參見 p32

跑者常見傷害

「脛前疼痛」

脛骨內側疼痛，突然增加運動量或提高負荷就容易發生。休養時，用冰敷和伸展來確認狀況，疼痛消除後先減低負荷，再重新開始練習。

腳

確認鞋子是否合腳、鞋帶是否綁太緊。還有，如果跑在傾斜的路面，可能會給腳踝帶來不小的負擔。發炎的話就冰敷，透過伸展和按摩來放鬆，腳趾猜拳或腳趾抓毛巾運動也很推薦。讓腳自然著地，不過度用力，既能鍛鍊腳底的肌肉，也能預防受傷。

選鞋子➡參見 p46
冰敷➡參見 p93
按摩➡參見 p93

跑者常見傷害

「足底筋膜炎」

足弓等，腳底疼痛。因為跑步過度而使足底筋膜（支撐著吸收著地衝擊的腳底圓弧）發炎，扁平足和高弓足都容易發炎。

長繭或擦傷

長時間跑步會讓皮膚和皮膚、以及皮膚和衣服之間,因為摩擦而疼痛或受傷,被汗或水弄濕的時候更要注意,事先塗抹凡士林之類的皮膚保護劑來預防是最佳做法。

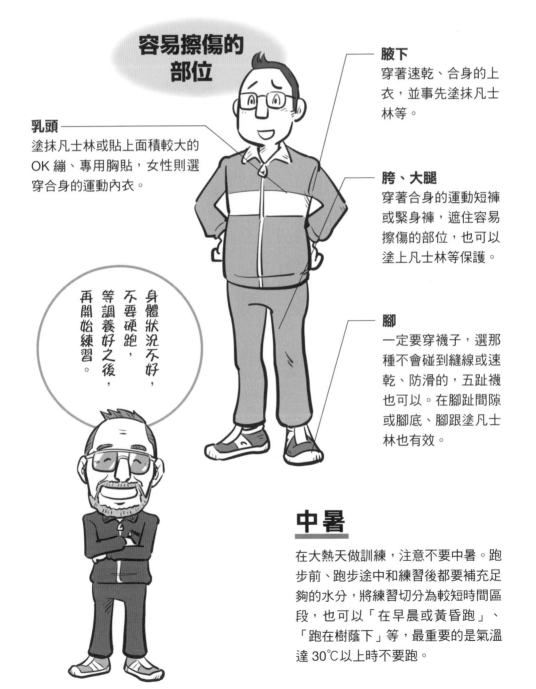

容易擦傷的部位

乳頭
塗抹凡士林或貼上面積較大的 OK 繃、專用胸貼,女性則選穿合身的運動內衣。

腋下
穿著速乾、合身的上衣,並事先塗抹凡士林等。

胯、大腿
穿著合身的運動短褲或緊身褲,遮住容易擦傷的部位,也可以塗上凡士林等保護。

腳
一定要穿襪子,選那種不會碰到縫線或速乾、防滑的,五趾襪也可以。在腳趾間隙或腳底、腳跟塗凡士林也有效。

身體狀況不好,不要硬跑,等調養好之後,再開始練習。

中暑

在大熱天做訓練,注意不要中暑。跑步前、跑步途中和練習後都要補充足夠的水分,將練習切分為較短時間區段,也可以「在早晨或黃昏跑」、「跑在樹蔭下」等,最重要的是氣溫達 30℃ 以上時不要跑。

不懊悔，
開開心心地去跑！
正式上場前的
小出規則

SUB4！真的嗎？但什麼是「後半型跑法」？

那是在過30公里後以最快速度跑步的方法，只要能夠學會這種跑法，大家都能跑出自己最佳成績！

失速跑法

後半型跑法

GOAL　　　START

嗯，很累的呢⋯

第一次跑馬拉松是什麼感覺啊？

但在補充水分時因擁擠而跌倒，

剛開始起跑時，真是超級暢快啊！

乳頭摩擦到超級痛的，腳上的繭也破了。

能量用盡，跑得搖搖晃晃

又冷又想上廁所，

欸──！在那種狀態下跑步？

把這當成一次教訓，下次再跑就會先想好對策！

這是上次的時間表，後半10公里或走或跑，好不容易撐到終點。

飄近

這和後半型跑法完全是兩回事！前半要控制速度，如果能夠確實做好配速的話，紀錄就會一口氣成長喔！

好一！

但想到要一決勝負就不知道自己能不能好好做…

不可能跑得超越練習準備！

所以平常多努力練習就會看出結果了！

還有就是不要受傷，發生問題了也要能夠處理，所以大家做好萬全準備吧！

喔！

聽好了～馬拉松這項運動呢，勝負在進入比賽會場時就已經決定了！

比賽前的三週
要注意
這些事喔！

Point1 維持肌力，消除疲勞

Point2 每週調降訓練負荷

Point3 比賽前調整成「重重的腳」

比賽的三週前就開始用訓練調整身體狀況

切換想法，從提高跑步能力到維持跑步能力

到了比賽前三週，必須改變訓練的目的。過去的目標是努力提高跑步能力，但接下來為了比賽，該以調整身體狀況為中心。

消除疲勞雖然重要，但可不是減少練習就好了。一旦訓練強度降低太多，反而會讓肌力和心肺機能也下降。該做的練習照做，一邊維持跑步能力，一邊調整身體的狀況吧！

比起腳步輕盈，稍微沉重的腳步比較好

針對完賽全馬的調整，不需要做到完全不疲勞，跑步時感覺處於「輕盈」的狀態，覺得「（腳）好像有點沉重呢」，像這樣的感覺剛剛好。

若是能夠做到這樣，跑著跑著，比賽途中腳就會變得輕鬆。如此一來，就能成功跑出後半型跑法。

有關於比賽練習的問題

Q 我想要再多練習點，做什麼好呢？

A 到比賽3天前都做補強運動吧！

直到比賽前 3 天，為了維持肌力，平常就會做的腹肌、背肌訓練和伏地挺身等補強運動，還是要持續做。但是，會讓肌肉痠痛的重訓，在調整期不可以做。

Q 我感覺腳痛，不知道該繼續完成練習菜單，還是應該休息？

A 還有三個禮拜！可以休息後再繼續練習。

調整期的練習重點不是要做完預定菜單，而是調整身體狀況。所以，感覺疼痛、不適或疲勞的話，就不要勉強練習，好好休息，早點回復，等身體好了之後再繼續練跑。

Q 我找不出時間做「讓腳重重的」練習(3天前)

A 不用硬性規定在比賽3天前。

3 天前沒空的話，挪到 4 天前吧！因為多了一天，距離也可以比預定多 1 至 2 公里。但若是挪到 2 天前，疲勞可能無法消除，最好不要這樣做。

為了要跑到終點，先儲備能量

10 天前開始吃肉也不錯哦！

其實，比賽前吃肉這件事，我也很推薦。比賽的 10 天前或 7 天前吃塊牛排犒賞自己，轉換成體力吧！

調整飲食的量和質

到比賽之前，為了要跑完全馬，必須在體內儲存足夠的能量。此時由於脂肪已經儲備夠了，該增加的是肝醣。

它的原料是碳水化合物。

比賽 3 天前開始，飲食上增加白飯、麵包、麵類、薯類等比例就能補充肝醣。但是，因為調整期間的練習量減少了，所以吃下的量要控制好，注意不要讓體重增加。

比賽的 4 小時前，好好吃一頓

比賽當天的飲食內容，應富含碳水化合物，或是在平時的早餐加上麻糬或香蕉等，也是不錯的方式。

考慮到消化所需的時間，建議最好在起跑 4 小時前用餐。

但如果跑完全程要花超過 4 小時的人，在抵達終點之前就有 8 小時以上未進食，若是會覺得肚子空空的話，可在起跑前 1 小時或 2 小時吃點蜂蜜蛋糕補充能量。

調整期間的飲食生活這樣做

比賽3天前開始的建議菜單

魚或肉、能同時吃到蔬菜的炊飯，或是富含維他命和礦物質的鰻魚飯最適宜。

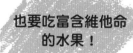

也要吃富含維他命的水果！

炊飯

加麻糬的烏龍麵

鰻魚飯

義大利麵

配菜和湯也可以是碳水化合物

馬鈴薯燉肉或通心粉沙拉、麵疙瘩、南瓜湯等，加上以碳水化合物為主的配菜吃也OK。

NG!

大量的餅乾或蛋糕

比賽當天的建議菜單

照平常的飲食菜單就可以了，起跑前 4 小時左右確實地用餐，以儲備能量。

1 至 2 小時前還可以吃點補給

NG!

・冰牛奶
・脂肪多的菜色
・食物纖維多的菜色
・生食
・吃不習慣的東西

如果要增加的話……

早餐可再追加香蕉、蜂蜜蛋糕、紅豆麵包、麻糬等，用餐時加上酸梅或柑橘類（柳橙汁等也可以），更能有效轉換為能量儲存。比賽前 1 至 2 小時若想吃東西，建議可以選擇蜂蜜蛋糕或蒸糕等。

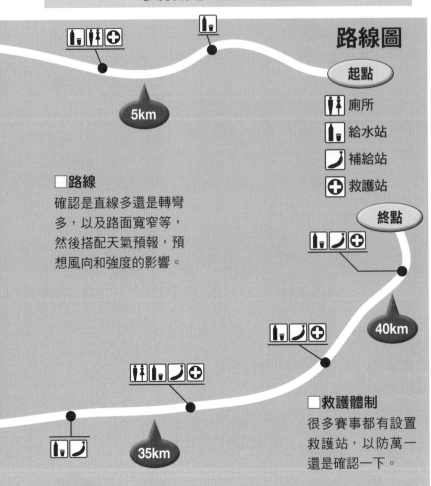

要預先確認的重點

路線圖

起點

[人] 廁所

[瓶杯] 給水站

[香蕉] 補給站

[十] 救護站

終點

40km

5km

■路線
確認是直線多還是轉彎多，以及路面寬窄等，然後搭配天氣預報，預想風向和強度的影響。

35km

■救護體制
很多賽事都有設置救護站，以防萬一還是確認一下。

上場前的
規則
【準備篇】

事前就先去探查路線，進行情境訓練

這是什麼樣的路線？廁所在哪裡？

賽前要先探查好比賽路線，特別是第一次參加的賽事，確認路線很重要。在哪裡會遇到傾斜坡度多少的坡道？給水站隔幾公里？橋墩或是顯眼的建築物在幾公里處？這些都要確認。廁所的位置也要先輸入腦袋，才不會到時候慌慌張張。

為了消除不安，也可以拿路線圖來模擬比賽。

112

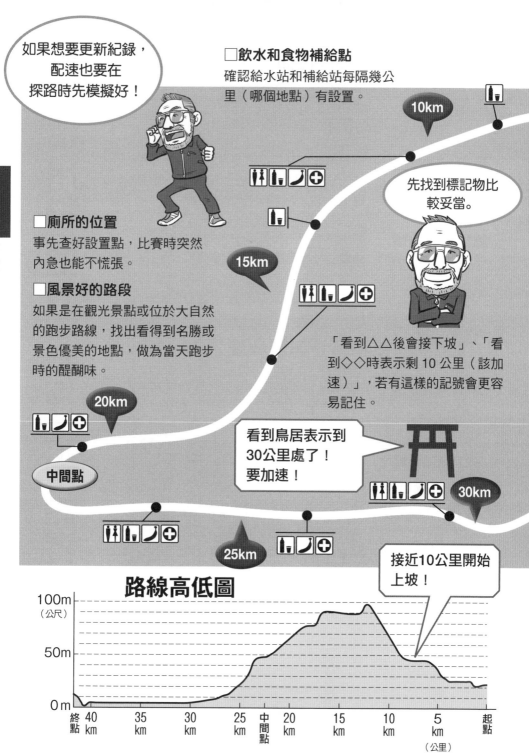

□飲水和食物補給點
確認給水站和補給站每隔幾公里（哪個地點）有設置。

如果想要更新紀錄，配速也要在探路時先模擬好！

先找到標記物比較妥當。

10km

15km

□廁所的位置
事先查好設置點，比賽時突然內急也能不慌張。

□風景好的路段
如果是在觀光景點或位於大自然的跑步路線，找出看得到名勝或景色優美的地點，做為當天跑步時的醍醐味。

「看到△△後會接下坡」、「看到◇◇時表示剩 10 公里（該加速）」，若有這樣的記號會更容易記住。

20km

中間點

看到鳥居表示到30公里處了！要加速！

30km

25km

接近10公里開始上坡！

路線高低圖

100m
（公尺）

50m

0m

終點 40km　35km　30km　25km　中間點　20km　15km　10km　5km　起點
（公里）

□高低差　路線的起伏到什麼程度？哪裡有上坡或下坡都要先確認。

113

必備的物品

☐ **比賽服**　適合比賽當天氣候的服裝，練習時也要先穿過一次。

☐ **鞋襪**　忘記帶比賽鞋的狀況出乎意外的多（穿其他鞋來到會場的跑者），出發前一定要再檢查確認。

☐ **號碼布兌換證**（領取單據）　報到時必備。如果事前申請報名時已經領取了，一定要記得固定在衣服上。

比賽時，隨身行李怎麼處理？……

利用寄放服務　主辦單位若在會場設有行李寄放處會很方便，確認是否收費、可否寄放貴重物品。

放置在廣場等地　也有人就把行李放在起點（或終點）附近。

放在身上帶著跑　像是家中鑰匙等，弄丟會很困擾的貴重物品，就收進腰包裡跟著跑吧！

慣用物品有助發揮平常的實力

比賽前一天就要全都做好準備

比賽時穿著的衣物或鞋子，要那種練習長跑時穿過且確認沒問題的，不要貿然使用新品比較好。

為了配合當日天氣，衣服可以準備幾套，最後穿哪件就在現場決定。

比賽當天通常都會很早就出門了，應該在前一天完成所有準備。

有了它就能舒適跑步的物品

比賽前後會用到物品

☐ **訓練服**

☐ **毛巾**

☐ **流汗後替換衣物**
（T恤等）

> 在比賽之前想辦法別讓身體受寒。

☐ **飲料、食物**　運動飲料或是茶等，能輕鬆攝取糖分的糖果、蜂蜜蛋糕或香蕉也很方便。

☐ **凡士林**　事前塗抹可減輕因鞋子磨腳或衣服摩擦帶來的疼痛，雨天塗在皮膚上還可以禦寒。

☐ **賽事手冊**

預先準備好的話就不怕受寒也不怕下雨！

☐ **風衣（防寒用品）**

☐ **暖暖包**

☐ **發熱乳液**

☐ **雨具**
在大塑膠袋上開三個洞（套過脖子和雙手）就能馬上變成雨衣，用完即丟很方便。

比賽時會用到物品

> 用慣的東西比較好用喔！

☐ **手錶**　可測計分圈時間（Lap Time）或分段時間（Split Time）的運動錶，使用起來很方便。

☐ **帽子、太陽眼鏡**　夏天戴帽可遮陽，冬天可以防寒。

☐ **手套、袖套**　在寒冷的比賽日子使用，熱的話就脫下放進腰包等。

繫著腰包就想放進的東西！

☐ **補給食物**
果凍型態的補給食物或小羊羹、糖果等。

☐ **面紙**
廁所剛好沒有衛生紙，或擤鼻涕、流鼻血的時候就能派上用場。

☐ **OK 繃**
萬一長繭的時候就可以拿出來用了。

☐ **配速表**
可以寫在紙上，或者用油性麥克筆寫在手臂或手背。

不趕時間放鬆地出發

從起床到起跑前的時程表

【9 點起跑（交通時間 1 小時）的話】

AM.6:30   **AM.5:00**

出發

由於會場廁所人多混雜，也有人在路上會先去廁所。

為了在起跑前 1 小時半至 2 小時到達，這時間就要出發了。大規模賽事通常人也很多，所以要提早出門。

起床

早餐

餐點內容和注意事項請參見 ㄗ一○。

最遲也要在起跑前 4 小時起床。前一晚就提早躺上床休息吧！早餐在起跑前 4 小時前吃完最理想，再晚也不要過 3 小時。

如果在正中午開跑呢？

若是中午 12 點起跑的比賽，早餐時間訂在 8 點左右剛剛好。萬一早餐吃得更早一些，或是肚子感覺有點不滿足，到會場後可以再用大福或蜂蜜蛋糕、香蕉之類的食物補充能量。

從比賽時間回推
估算起床和吃飯時間

比賽當天的時程預定要從起跑時間往回推算，5 小時前起床，4 小時前用餐是最理想狀況。因為要早起，前一天不要熬夜，以確保睡眠時間。

到比賽會場後，距起跑時間還要有些餘裕，2 小時前抵達非常足夠。而為了能放鬆、冷靜地迎接比賽，起跑前請不要慌慌張張的。

有點餓的話，就吃一點香蕉或蜂蜜蛋糕。

AM.9:00	AM.8:30	AM.7:30
起跑	等待區	到達會場

到達會場

報到
（別上號碼布）

換衣服、去廁所
寄放行李

完成報到後，確認起跑的集合點和集合時間。固定好號碼布、裝上計時裝置後，就去換衣服和上廁所吧！廁所和更衣室、行李寄放處等，到處都是人，時間要留寬裕些。

等待區

大型賽事有時從集合到起跑就要花30分鐘以上，為了不讓身體受寒，可以在等待時套上輕便雨衣（市售一次性雨衣或以大塑膠袋自製）。

熱身要做些什麼好呢？

不用做特別的事。

以跑完全程或SUB5、SUB4為目標的話，最前面的5公里可以當作熱身。起跑前若是有等待時間，就稍微做一下準備運動吧！

起跑

身體狀況不好的話，請勇敢放棄比賽

跑全馬時身體狀況若不是非常好，就無法徹底發揮實力。腳痛或是感冒等等，萬一身體狀況出現問題，就棄權把目標放在下個比賽吧！

Lesson 4

不懊悔，開開心心地去跑！正式上場前的小出規則

117

不要急就對了，以「後半型跑法」創下自己最佳紀錄

剛開始常常會一口氣就飛奔出去，最初的 5 公里跑得最慢，過了 35 公里以最快速度跑才是正確做法。

前半不要努力，這就是更新自我紀錄的鑰匙

許多參加全馬的跑者會在後半降速，無法百分百發揮實力就結束比賽了。配速的類型除了這種「先發型」，還有以穩定速度來跑的「平均型」，以及後半段加速的「後半型」。在這三種類型中，以後半型最容易發揮實力。

以平均速度做為基準，最初每公里要跑得比均速慢 10 秒左右，中途開始提高速度至均

速，接著再加快到每公里比均速快 10 秒的速度。

過了 30 公里以後就全速跑

若能善用後半型的配速，過了 30 公里後就能以最快的速度去跑。

一流跑者參加馬拉松賽事，只要能在這裡加速，就可以取得好成績。不論目標是破 4（SUB4），或是想笑著完賽，都是同樣的做法。

118

速度分配這樣思考

平均(速度)型

以一定的速度跑

全程以相同的速度（Even Pace）跑，是有目標時可當作基準的速度。

42.195km
5分40秒/km

SUB4的平均速度
（3小時59分抵達終點）

7分00秒/km

SUB5的平均速度
（4小時55分抵達終點）

先發型

偶爾會因跑太快而腳提不起來

起跑就狂奔

能跑多遠就多遠，飛奔出去賺時間，後半就靠意志力去跑。這在一般市民跑者是很常見的跑法，有人因為體力在前面就消耗光了，後半只好用走的，也有人無法完賽。

後半型

這裡是後半型的比賽速度！

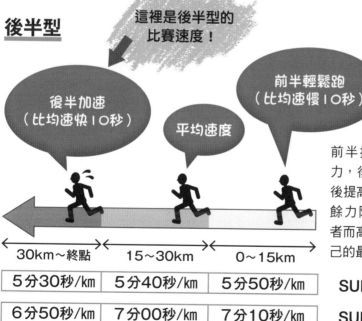

後半加速
（比均速快10秒）

平均速度

前半輕鬆跑
（比均速慢10秒）

前半控制速度、保留體力，後半在過了30公里後提高速度。展現後半的餘力除了因超越周圍跑者而高興，也容易跑出自己的最佳成績。

30km～終點	15～30km	0～15km
5分30秒/km	5分40秒/km	5分50秒/km
6分50秒/km	7分00秒/km	7分10秒/km

SUB4的平均速度

SUB5的平均速度

馬拉松　分圈&分段時間表

練好比賽速度就能達成「後半型跑法」的話，就以比目標時間 1 公里快 10 秒的速度當作比賽速度練習。目標 SUB4 的速度就是 1 公里 5 分 30 秒。（詳情請參見 p97、119）

21.0975 km (半馬)	25km	30km	35km	40km	42.195km (全馬)
1°03′18″	1°15′00″	1°30′00″	1°45′00″	2°00′00″	2°06′36″
1°13′51″	1°27′30″	1°45′00″	2°02′30″	2°20′00″	2°27′41″
1°24′24″	1°40′00″	2°00′00″	2°20′00″	2°40′00″	2°48′47″
1°34′57″	1°52′30″	2°15′00″	2°37′30″	3°00′00″	3°09′53″
1°45′30″	2°05′00″	2°30′00″	2°55′00″	3°20′00″	3°30′59″
1°49′01″	2°09′10″	2°35′00″	3°00′50″	3°26′40″	3°38′01″
1°52′32″	2°13′20″	2°40′00″	3°06′40″	3°33′20″	3°45′03″
1°56′03″	2°17′30″	2°45′00″	3°12′30″	3°40′00″	3°52′05″
1°59′34″	2°21′40″	2°50′00″	3°18′20″	3°46′40″	3°59′07″
2°03′05″	2°25′50″	2°55′00″	3°24′10″	3°53′20″	4°06′09″
2°06′36″	2°30′00″	3°00′00″	3°30′00″	4°00′00″	4°13′11″
2°10′07″	2°34′10″	3°05′00″	3°35′50″	4°06′40″	4°20′13″
2°13′38″	2°38′20″	3°10′00″	3°41′40″	4°13′20″	4°27′15″
2°17′09″	2°42′30″	3°15′00″	3°47′30″	4°20′00″	4°34′17″
2°20′39″	2°46′40″	3°20′00″	3°53′20″	4°26′40″	4°41′18″
2°24′10″	2°50′50″	3°25′00″	3°59′10″	4°33′20″	4°48′20″
2°27′41″	2°55′00″	3°30′00″	4°05′00″	4°40′00″	4°55′22″
2°38′14″	3°07′30″	3°45′00″	4°22′30″	5°00′00″	5°16′28″
2°48′47″	3°20′00″	4°00′00″	4°40′00″	5°20′00″	5°37′34″
2°59′20″	3°32′30″	4°15′00″	4°57′30″	5°40′00″	5°58′40″
3°09′53″	3°45′00″	4°30′00″	5°15′00″	6°00′00″	6°19′46″
3°20′26″	3°57′30″	4°45′00″	5°32′30″	6°20′00″	6°40′52″
3°30′59″	4°10′00″	5°00′00″	5°50′00″	6°40′00″	7°01′57″

要在目標時間內抵達終點，你了解必須跑到的速度了嗎？

1km 速度	5km	10km	15km	20km	
3′00″ ➡	15′00″	30′00″	45′00″	1°00′00″	
3′30″ ➡	17′30″	35′00″	52′30″	1°10′00″	
4′00″ ➡	20′00″	40′00″	1°00′00″	1°20′00″	
4′30″ ➡	22′30″	45′00″	1°07′30″	1°30′00″	
5′00″ ➡	25′00″	50′00″	1°15′00″	1°40′00″	
5′10″ ➡	25′50″	51′40″	1°17′30″	1°43′20″	
5′20″ ➡	26′40″	53′20″	1°20′00″	1°46′40″	
5′30″ ➡	27′30″	55′00″	1°22′30″	1°50′00″	
5′40″ ➡	28′20″	56′40″	1°25′00″	1°53′20″	SUB4!
5′50″ ➡	29′10″	58′20″	1°27′30″	1°56′40″	
6′00″ ➡	30′00″	1°00′00″	1°30′00″	2°00′00″	
6′10″ ➡	30′50″	1°01′40″	1°32′30″	2°03′20″	
6′20″ ➡	31′40″	1°03′20″	1°35′00″	2°06′40″	
6′30″ ➡	32′30″	1°05′00″	1°37′30″	2°10′00″	
6′40″ ➡	33′20″	1°06′40″	1°40′00″	2°13′20″	
6′50″ ➡	34′10″	1°08′20″	1°42′30″	2°16′40″	
7′00″ ➡	35′00″	1°10′00″	1°45′00″	2°20′00″	SUB5!
7′30″ ➡	37′30″	1°15′00″	1°52′30″	2°30′00″	
8′00″ ➡	40′00″	1°20′00″	2°00′00″	2°40′00″	
8′30″ ➡	42′30″	1°25′00″	2°07′30″	2°50′00″	
9′00″ ➡	45′00″	1°30′00″	2°15′00″	3°00′00″	
9′30″ ➡	47′30″	1°35′00″	2°22′30″	3°10′00″	
10′00″ ➡	50′00″	1°40′00″	2°30′00″	3°20′00″	

徹底模擬 以後半型跑法跑完 42.195 公里

不疾不徐地 由起點處開跑

起跑後很混亂，常常無法按照自己想好的速度去跑。

但是，在這裡堅持住自己的速度，跑在人群縫隙中，反而會浪費不少體力。

所以就算有點落後，還是順著人流跑吧！在能夠以自己速度跑步之前，就當作這段是在做熱身好了。

比預計的慢也不要著急。

起點

後半型跑法是這種速度！

【通過 **5** 公里的時間】
SUB4
（※到這裡速度為5分50秒）
➡29分10秒
SUB5
（※到這裡速度為7分10秒）
➡35分50秒

（※ 這裡介紹的是使用「後半型跑法」的分段時間，和 p120 那份表不一樣。）

Q 水分補充是每隔幾分鐘幾次？

A 從最前面給水站開始少量多次補充。

在喉嚨乾渴前，就勤於少量（約一口的量）飲用。但是若像東京馬拉松那樣，每 2.5 公里就設有給水站，如果每站都喝就會過量了，也會打壞跑步節奏。每個人需要的飲水量不一樣，也會受到當天天氣的影響，就參考自己在練習時（特別是長跑時）的經驗吧！

刻意壓抑
控制跑步速度

身體逐漸暖和了，開始能順暢地跑。但這時候還是必須控制速度。由於已經脫離擁擠的人潮，就以比基準速度1公里慢10秒的速度，穩定地繼續跑吧！

在通過5公里時，就算時間比預定來得慢，也不要急忙加速。就布局來看，前面比預定慢是很正常的，要儲存體力，為後半的衝刺做好準備。

等過了30公里再把時間追回來。

在給水站附近
要小心跌倒！

靠近給水站和要離開的人相互交錯，因此會很容易跌倒。跑在前面的人也可能突然停下來，減速觀察過周圍再跑。

後半型跑法是這種速度！

【通過**10**公里的時間】
SUB4
（※到這裡速度為5分50秒）
➡58分20秒
SUB5
（※到這裡速度為7分10秒）
➡1時間11分40秒

巧妙的補水訣竅

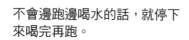

壓住杯子的邊緣更容易飲用

手指夾住水杯不易灑出也好拿

不會邊跑邊喝水的話，就停下來喝完再跑。

找到領跑員，保持速度

跑全馬時，偶爾會感覺身體好像突然變輕盈，如果自我感覺良好的在這裡加快速度，不只是會給身體帶來損害，也會影響後半的速度，要小心。

從周圍跑者中找到速度和自己相當的人，和他一起跑就不用一直看錶，也能維持穩定的速度。

在規模較大的馬拉松賽事中，若設有4小時、5小時等領跑員，跟著他跑也是一個好選擇。

後半型跑法
是這種速度！

【通過 **15** 公里的時間】
SUB4
（※到這裡速度為5分50秒）
➡1小時27分30秒
SUB5
（※到這裡速度為7分10秒）
➡1小時47分30秒

比預定慢也 OK！
就想成
是在儲存體力。

Q 會容易跑廁所，
所以我都不太想去喝水……

A 不要一口氣喝太多，小口小口分幾次喝。

首先，想去廁所的話，千萬別緊張到不知如何是好。比起因中途去廁所損失時間，不喝水而導致脫水更讓人擔心。不要一口氣灌下大量的水，分幾次小口小口的喝就好。此外，在去過廁所後，千萬不要為了爭取時間，硬是提高速度。要好好儲存體力，為後半的加速做準備。

15~20km

路況起伏也要擺動手臂維持節奏

到了賽事中段，要開始慢慢地提高速度，不是靠意志力，重點是有節奏地跑。擺動手臂，創造節奏，再跟著那個節奏往前跑。

馬拉松比賽路線絕少都是平路，幾乎不太有，一定會遇到上下坡、順風或逆風，當然速度也會受到影響，但不需要太過在意。

不要太堅持速度的穩定，上坡太努力的話，反而會對後半造成負擔。

後半型跑法是這種速度！

【通過**20**公里的時間】
SUB4
（※15公里以後速度為5分40秒）
➡**1小時55分50秒**
SUB5
（※15公里以後速度為7分00秒）
➡**2小時22分30秒**

跟在跑者群後面跑
比較不受逆風影響

Q 逆風強勁時該怎麼跑才好呢？

A 身體往前傾，縮小步伐。

平常會建議跑步時上半身挺直，但逆風時稍微前傾比較好跑。逆著風想大步前進是很累人的，以較小的步幅小步小步地跑吧！

Lesson **4** 不懊悔，開開心心地去跑！正式上場前的小出規則

即使遲了些
也不要急著追趕

過了中間點，心情會變得比較輕鬆。但是，還有很長的路呢！必須封印努力跑的想法，在這個階段仍舊要集中精神維持速度。

通過20公里或中間點的時間，比預定的慢一點也不要焦急，配速表並不是為了讓人按照預定時間去跑，而是要確認是否跑得「太快」或「太慢」。

不要硬拚，好好地維持速度，後半加速時還有挽回的可能。

跟速度相當的人一起跑，比較不容易累。

後半型跑法是這種速度！

【通過**25**公里的時間】
SUB4
（※15公里以後速度為5分40秒）
➡2小時24分10秒
SUB5
（※15公里以後速度為7分00秒）
➡2小時57分30秒

Q 我聽說飲食補給很重要，
打算每 10 公里就吃點東西。

A 每個人不一樣，要注意攝取過量。

這點每個人不一樣，但吃太多的話會讓肚子變重，很難跑。4小時內就能抵達終點的人，幾乎不需要補充食物。但完賽要花到5、6小時的人，中途會肚子餓。遇到這種狀況，就在折返點前後補充一次營養，然後盡可能不要讓肚子變重。

一點一點逐漸提高速度

通過折返點後，周圍跑者也會開始漸漸地降低速度。這個時候若還能維持速度，就能一個一個超越速度掉下來的人。

若感覺有餘裕的話，此時也可以慢慢提高速度。但是要一點一點的加，不要突然一口氣往上提。

覺得不行也不要勉強，最重要的是30公里後的快跑，要保留力氣在這個區段拿出來用。

熱的時候把水倒在身上也 OK。
（果汁就不用弄濕自己了）

後半型跑法是這種速度！

【通過**30**公里的時間】
SUB4
（※15公里以後速度為5分40秒）
➡**2小時52分30秒**
SUB5
（※15公里以後速度為7分00秒）
➡**3小時32分30秒**

視線下移。

確實擺動手臂。

有意識地吐氣。

覺得痛苦時就想想這三點！

感到痛苦時，像看近物那樣，將視線往下移，身體自然就會稍微往前傾，比較好跑；嘴巴裡的氣確實吐出，會更容易吸到氣；最後是擺動手臂，持續讓腳往前跨步。

啟動推進器，加到最快的速度

過了30公里就不用再控制速度了。

從這裡就要開始努力跑，將開關按下，慢慢的提高速度，以到現在為止最快的速度來跑。

肌肉疲勞的話，步伐也無法伸展，這時不要硬逼自己跨大步，可以把動作間隔時間加快彌補。

加快手臂擺動的節奏，隨著節奏提高速度吧！

後半型跑法是這種速度！

【通過35公里的時間】
SUB4
（※30公里以後速度為5分30秒）
➡3小時20分00秒
SUB5
（※30公里以後速度為6分50秒）
➡4小時6分40秒

要來發揮本領了！

比賽前要確實預防啊！

問題的因應對策

「因長繭或擦傷而疼痛！」
保護疼痛處會給其他部位帶來負擔，盡可能不要改變姿勢，取出隨身攜帶的OK繃貼上，做為緊急處置。

預防方法
在容易擦傷的部位塗抹凡士林，鞋襪就穿平常習慣穿的（參見p114）。

「抽筋了！」
停下來，放慢動作伸展抽筋部位的肌肉，或是按摩，等情況好轉再慢慢往前跑。

預防方法
感覺快抽筋的時候，就把速度放慢，或是停下來伸展。

終點

急起直追，一直堅持到最後

到這裡，就別再想速度的事了。

剩下只有維持最快的速度往前跑進終點。

不管再怎麼樣練習，到了比賽尾聲每個人都很痛苦。

但是，只要成功地在30公里後加速，就能追上並超越你所能想像的人數，而這會成為鼓勵你前進、意想不到的動力。

直到最後都不要放鬆。

然後，笑著越過終點線吧！

Lesson 4

不懊悔，開開心心地去跑！正式上場前的小出規則

離終點就差一步了！

終點

後半型跑法是這種速度！

【抵達終點時間】

SUB4
➔ 3 小時59分35秒

SUB5
➔ 4 小時55分50秒

【通過**40**公里的時間】

SUB4
（※30公里以後速度為5分30秒）
➔ **3 小時47分30秒**

SUB5
（※30公里以後速度為6分50秒）
➔ **4 小時40分50秒**

中途退賽也是個不錯的經驗喔！

這時候
不要勉強跑，
停下來吧！

「膝蓋痛。」

「想吐。」

「搖搖晃晃的。」

「側腹疼痛！」

用指尖大力壓在痛的地方能減輕疼痛，再過一陣子就不會痛了。不要在意，繼續跑沒關係。

預防方法

比賽 4 小時前用完餐，不要一口氣喝很多水，補充水分以少量多次為原則。

比賽後的行程安排

比賽後的規則

比賽後的兩週，注意適當地排解疲勞

比賽結束

整理運動
走路10分鐘
伸展

參見p93

冰敷

參見p30

跑完後不要馬上停下來，花10分鐘走一走，能更快消除疲勞。除了做伸展操，也針對發熱部位冰敷10分鐘。

補充水分

因為大量流汗很容易脫水，所以要多喝水或運動飲料，勤於補充水分。

凡事以及格為目標

抵達終點後，將先前準備的冰塊等，盡早用來冰敷比較好。

回到家，洗完澡後就進行伸展。飲食方面，通過終點就可以馬上吃些碳水化合物，補充已經枯竭的能量來源。晚餐則要確實攝取蛋白質，提供受傷肌肉盡快修復的素材。

飲食和練習，暫時都以六成的及格心態為目標。

130

好想
喝啤酒啊～

回家後

晚餐

在做完激烈的運動後，內臟也會疲勞。因此要避免吃太油膩或刺激性的食物，而且還要小心不要吃太撐了。

伸展

參見p43

洗澡

回家後沖洗身體，把身上的汗水都沖掉，或泡個澡也不錯。這樣做能讓血流順暢，疲勞物質容易排掉，也能放鬆肌肉、舒緩身心。

用啤酒乾杯
最棒了～
但要注意
別喝太多喔！

隔天之後

做點輕鬆的運動

可以的話，比賽隔天稍微慢跑或健走也不錯。比起窩在家裡休息，動一動，更能讓身體從疲勞的狀態回復。

好好休息 2至3週

比賽後的兩週，疲勞的身體容易出現一些「不適」，如果覺得肌肉疼痛就好好休息，回顧比賽時的狀況，為挑戰下個目標養精蓄銳。

好好吃～

要吃到什麼時候啊！

ワクワク

每件事都覺得新鮮，看什麼都閃閃發亮。

放下它！

走子，我想要這個！

終於要開始了呢！

我的第一次馬拉松…

咚一！

＊大口大口吃

パアアアア……

＊現身登場

哈

好美～

哈○○○

搭配檀香山美到不可思議的風景來跑，根本像在作夢…

這次經驗會是我最珍貴的寶物…

好！

我們明年再來吧！

FINA

耶一！！我跑完了！！

好帥喔！

好了啦～

嘖?!

妳也來了？

恭喜你，親愛的！

叭噗一

嘖?!

寶貝，你爸比跑得很帥吧！媽媽乾脆也一起去跑吧…

哈哈哈哈哈

親愛的～

爸爸～

好好好，全家一起跑！

高興到眼淚都噴出來了…

可以減肥啊，而且你看起來更結實了！

嘿！大家喜歡上比賽了嗎？

教練！！

〇〇市民馬拉松

我剛在那邊遇到鳥山。

哈囉～

喔～你也來了啊！

好久不見！

請教教我，教練！

我想跑得更快！

小孩一起跑！

我的夢想是和老婆

不是啦，夢想是SUB4！

我下次要SUB4.5⋯

嗯！我下次要參加〇〇馬拉松。

是腳力和心肺機能嗎？

補充水分！

嗯，那你們覺得跑步時最重要是什麼呢？

哈哈哈⋯

嗯！兩者都很重要。但最重要的是要「擁有夢想」喔！

人有了夢想就會變得更快樂！

確實是這樣沒錯！我已經愛上跑步了！

呵呵…要量力而為喔。

好！接下來也要一直跑步～！

馬拉松萬歲一！

好好享受跑步的樂趣吧！現在還只是開始而已呢！

好!!

馬拉松賽事一覽表

限制時間拉長！

日本境內馬拉松賽事

以大規模的都市型馬拉松為始，享受山、海、景觀，還能滿載特產而歸的賽事，在全國各地都有舉辦。還有各式各樣的公益路跑活動，多多參加吧！

第一次參加的話，選擇限制時間長的賽事比較好。

賽事名稱
千歲JAL國際馬拉松

舉行地點 北海道千歲市
舉行時間 6 月
限制時間 6 小時
全程馬拉松以外的項目
　　半馬、10 公里、3 公里等
賽會官方網站及詢問處
　　http://chitose-jal-marathon.jp/
　　千歲 JAL 馬拉松實行委員會事務局
　　TEL 0123-24-2320

賽事名稱
勝田全國馬拉松

舉行地點 茨城縣常陸那珂市
舉行時間 1 月
限制時間 6 小時
全程馬拉松以外的項目
　　10 公里
賽會官方網站及詢問處
　　http://katsutamarathon.jp/
　　勝田全國馬拉松大會事務局
　　TEL 029-272-8405
　　（平日 8:30~17:30）

賽事名稱
前橋・澀川城市馬拉松

舉行地點 群馬縣前橋市
舉行時間 4 月
限制時間 6 小時
全程馬拉松以外的項目
　　10 公里、5 公里等
賽會官方網站及詢問處
　　http://maeshibu.jp/
　　前橋・澀川城市馬拉松實行委員會
　　事務局（前橋市體育課內）
　　TEL 027-898-5834
　　（平日 9:00~17:00）

＊所有資訊為 2016 年 6 月的資料。

富山馬拉松

賽事名稱

舉行地點 富山高岡市・富山市
舉行時間 10 月
限制時間 7 小時
全程馬拉松以外的項目
　　輪椅 9 公里等
賽會官方網站及詢問處
　　http://www.toyamamarathon.com/
　　富山馬拉松實行委員會事務局
　　TEL 076-444-4102
　　（平日 9:00~17:00）

佐倉朝日健康馬拉松

舉行地點 千葉縣佐倉市
舉行時間 3 月
限制時間 6 小時
全程馬拉松以外的項目
　　10 公里、3 公里
賽會官方網站及詢問處
　　http://sakuraasahi.jp/index.shtml
　　佐倉朝日健康馬拉松大會實行委員會
　　事務局
　　TEL 043-485-2929
　　（平日 9:00~17:00）

也有人氣很旺，要經過抽選才能參加的賽事。

東京馬拉松

舉行地點 東京都新宿區等
舉行時間 2 月
限制時間 7 小時
全程馬拉松以外的項目
　　10 公里
賽會官方網站及詢問處
　　http://www.marathon.tokyo/

能登和倉萬葉之里馬拉松

舉行地點 石川縣七尾市
舉行時間 3 月
限制時間 7 小時
全程馬拉松以外的項目
　　10 公里等
賽會官方網站及詢問處
　　http://www.city.nanao.lg.jp/
　　kankou/kurashi/bunka/marathon/
　　能登和倉萬葉之里馬拉松大會組織委員
　　會事務局
　　TEL 0767-53-8436

板橋City馬拉松

舉行地點 東京都板橋區
舉行時間 3 月
限制時間 7 小時
全程馬拉松以外的項目
　　5 公里、青少年 3 公里等
賽會官方網站及詢問處
　　http://i-c-m.jp/
　　板橋 City 馬拉松事務局
　　TEL 03-3579-2654
　　（平日 9:00~17:00）

賽事名稱
大阪馬拉松

舉行地點 大阪府大阪市
舉行時間 10 月
限制時間 7 小時
全程馬拉松以外的項目
　挑戰賽等
賽會官方網站及詢問處
　http://www.osaka-marathon.com/
　大阪馬拉松客服中心
　TEL 06-6445-3978（平日 10:00~17:00）

賽事名稱
神戶馬拉松

舉行地點 兵庫縣神戶市
舉行時間 11 月
限制時間 7 小時
全程馬拉松以外的項目

賽會官方網站及詢問處
　http://www.kobe-marathon.net/
　神戶馬拉松跑者客服中心
　TEL 0570-018-500（平日 10:00~17:00）
　（開設期間：4 月下旬至隔年 1 月中旬）

賽事名稱
德島馬拉松

舉行地點 德島縣德島市
舉行時間 4 月
限制時間 7 小時
全程馬拉松以外的項目

賽會官方網站及詢問處
　http://www.tokushima-marathon.jp/
　德島馬拉松實行委員會事務局
　TEL 088-621-2150（平日 10:00~17:00）

賽事名稱
島田大井川馬拉松in liberty

舉行地點 靜岡縣島田市
舉行時間 10 月
限制時間 7 小時
全程馬拉松以外的項目
　10 公里
賽會官方網站及詢問處
　http://shimada-marathon.jp/
　index.php
　島田大井川馬拉松 in liberty 實行
　委員會事務局
　TEL 0547-36-7399
　（平日 9:00~17:00）

一整年都會在各地舉行，但是辦在秋天至春天的賽事特別多。

賽事名稱
京都馬拉松

舉行地點 京都府京都市
舉行時間 2 月
限制時間 6 小時
全程馬拉松以外的項目
　雙人驛站接力賽、輪椅競技等
賽會官方網站及詢問處
　http://www.kyoto-marathon.
　com/
　京都馬拉松實行委員會事務局
　TEL 075-366-0314
　（平日 8:45~17:30）

＊所有資訊為 2016 年 6 月的資料。

賽事名稱
指宿油菜花馬拉松

舉行地點 鹿兒島縣指宿市
舉行時間 1 月
限制時間 8 小時
全程馬拉松以外的項目

賽會官方網站及詢問處
http://www.ibusaki-nanohana.
com/marathon
指宿油菜花馬拉松大會實行委員
會事務局
TEL 0993-22-2550
（平日 9:00~17:00）

賽事名稱
那霸（NAHA）馬拉松

舉行地點 沖繩縣那霸市
舉行時間 12 月
限制時間 6 小時 15 分
全程馬拉松以外的項目

賽會官方網站及詢問處
http://www.maha-marathon.jp/
那霸（NAHA）馬拉松協會事務局
TEL 098-862-9902

賽事名稱
福岡馬拉松

舉行地點 福岡縣福岡市・糸島市
舉行時間 11 月
限制時間 7 小時
全程馬拉松以外的項目
輪椅競技、公益路跑等
賽會官方網站及詢問處
http://www.f-marathon.jp/
福岡馬拉松綜合客服中心
TEL 092-711-4422

賽事名稱
佐賀櫻馬拉松

舉行地點 佐賀縣佐賀市・神崎市
舉行時間 3 月
限制時間 6 小時 30 分
全程馬拉松以外的項目
公益路跑
賽會官方網站及詢問處
http://www.sagasakura-marathon.jp/
佐賀櫻馬拉松大會事務局
TEL 0952-27-0728
（平日 9:30~17:30）

賽事名稱
青島太平洋馬拉松

舉行地點 宮崎縣宮崎市
舉行時間 12 月
限制時間 6 小時 30 分
全程馬拉松以外的項目
10 公里、3 公里等
賽會官方網站及詢問處
http://www.aotai.gr.jp/
青島太平洋馬拉松事務局
TEL 0985-26-6781（平日 10:00~17:00）

高人氣賽事要
盡早報名！

臺灣馬拉松賽事

有頗富口碑的城市公益路跑，還有充滿地方濃厚人情味、豐富多元的補給，結合在地伴手美食、純樸民情、絕美風景與傳統文化儀式，網路跑友間點閱率最高、討論最熱烈的馬拉松賽事。

賽事名稱

臺北渣打公益馬拉松

舉行地點 臺北市中正區

舉行時間 1 月或 2 月

限制時間 6 小時

特色
結合視障公益與路跑活動，為成就愛與關懷的經典賽事，通過 IAAF ／ AIMS 專業距離丈量的認證，參賽選手的成績受到世界各大馬拉松賽事認可。

全程馬拉松以外的項目
21.0975 公里、10 公里、3 公里

賽會官方網站
http://scbmarathon.com/

主辦單位
中華民國路跑協會

賽事名稱

高雄國際馬拉松

舉行地點 高雄市左營區

舉行時間 2 月

限制時間 6 小時 10 分

特色
途經多個著名景點及地標，以「全臺灣最友善的城市馬拉松」定位，是評價優質的國際型賽事。

全程馬拉松以外的項目
25 公里、5 公里

賽會官方網站
http://www.khm.com.tw

主辦單位
高雄市政府教育局

賽事名稱

屏東高樹蜜鄉國際馬拉松

舉行地點 屏東縣高樹鄉

舉行時間 1 月

限制時間 6 小時 30 分

特色
跑在風景如畫的屏東大武山下，沿途有熱情鄉民加油助陣，在地特色水果點心盡出，補給多到令人目不暇給。

全程馬拉松以外的項目
21 公里、12 公里、5.6 公里

主辦單位
屏東縣高樹鄉公所

賽事名稱

金門馬拉松

舉行地點 金門縣金寧鄉

舉行時間 1 月

限制時間 7 小時

特色
通過 AIMS 認證的賽事，路線經過許多戰略景點，沿途可欣賞戰地風光。完賽禮是頗具收藏價值的金門高粱酒。

全程馬拉松以外的項目
21 公里、11 公里、5 公里

主辦單位
金門縣政府

---

* 編按：p142~145 為繁體中文版補充內容，以全馬賽事主選，所有資訊為 2017 年 9 月的資料。

賽事名稱
新北市萬金石馬拉松

舉行地點 新北市萬里區
舉行時間 3 月
限制時間 5 小時 55 分
特色
精神象徵為野柳「女王頭」，是臺灣唯一獲得國際銅標認證的賽事，以絕美的北海岸風光與國際賽事規格深受跑友青睞。
全程馬拉松以外的項目
14 公里、7 公里
賽會官方網站
http://www.wanjinshi-marathon.com.tw/
主辦單位
新北市政府、中華民國田徑協會

賽事名稱
日月潭環湖馬拉松

舉行地點 南投縣魚池鄉
舉行時間 10 月
限制時間 6 小時 30 分
特色
以風景優美著名，吸引許多慕名而來的國際選手。路線多起伏，相當具有挑戰性，但沿途飽覽秀麗的山湖景致，風光明媚，跑起來格外享受。
全程馬拉松以外的項目
29 公里
賽會官方網站
http://www.sunmoonlakemarathon.com/
主辦單位
南投縣政府、中華運動生活協會

賽事名稱
北馬雙溪櫻花馬拉松

舉行地點 新北市雙溪區
舉行時間 2 或 3 月
限制時間 6 小時 30 分
特色
山林滿布紅櫻花，補給充足且豐富。10 公里爬坡加上下起伏的丘陵，幾乎沒有平路，網友又稱「雙膝硬化馬」。
全程馬拉松以外的項目

主辦單位
新北市馬拉松協會、永和慢跑委員會

賽事名稱
埔里跑-山城派對馬拉松

舉行地點 南投縣埔里鎮
舉行時間 3 月
限制時間 7 小時
特色
穿過田野感受埔里小鎮的好山、好水、好風光，路線規劃創新，在地美食強力補給，是新興賽事主要吸睛點。
全程馬拉松以外的項目
22 公里、10 公里
主辦單位
埔里鎮公所等

在地風味補給很誘人，不要吃到跑不動啊！

賽事名稱
太魯閣峽谷馬拉松

舉行地點 花蓮縣秀林鄉

舉行時間 11 月

限制時間 7 小時

特色

有別於一般賽事，擁有絕美的峽谷峭壁景致，鬼斧神工的大自然之美，令眾多國內外參賽跑友大呼此生難忘。

全程馬拉松以外的項目

21.0975 公里、12 公里、5 公里

賽會官方網站

http://www.taroko.hl.gov.tw/bin/home.php

主辦單位

花蓮縣馬拉松路跑協會

賽事名稱
萬丹紅豆馬拉松

舉行地點 屏東縣萬丹鄉

舉行時間 12 月

限制時間 6 小時 30 分

特色

有超夢幻的完賽禮、南臺灣的熱情鄉親和海派多樣的紅豆補給，每年耶誕週配合萬金耶誕季、紅豆文化節與萬巒豬腳節等活動舉行，定調為「歡樂耶誕馬」。

全程馬拉松以外的項目

21.1 公里、5 公里

主辦單位

屏東縣萬丹鄉後村社區發展協會

賽事名稱
信義鄉葡萄馬拉松

舉行地點 南投縣信義鄉

舉行時間 10 月

限制時間 6 小時 30 分

特色

以肥美碩大的葡萄為主軸，輔以紅、白櫻花點綴，營造出豐滿豔麗的意象，讓跑者徜徉山林間，體驗原鄉部落之美。

全程馬拉松以外的項目

23 公里、6 公里

主辦單位

南投縣信義鄉公所

名額有限的熱門賽事要抓緊時間報名。

賽事名稱
戀戀二水・跑水馬拉松

舉行地點 彰化縣二水鄉

舉行時間 11 月

限制時間 6 小時 10 分

特色

結合有三百多年歷史的跑水節儀式，祈求上蒼風調雨順、年年豐收，惜福、知福、感恩，有網友給予六顆星評價。

全程馬拉松以外的項目

21.1 公里、11.4 公里等

主辦單位

彰化縣文化局、二水鄉公所、彰化縣馬拉松路跑協會

礁溪櫻花陵園馬拉松

賽事名稱

舉行地點 宜蘭縣礁溪鄉

舉行時間 12 月

限制時間 7 小時

特色

路線景致優美，直攻海拔 768 公尺的櫻花陵園，沿途多蜿蜒山徑，極具挑戰。登頂後可鳥瞰礁溪全景及龜山島，視野絕佳。補給五星級，還招待免費泡湯。

全程馬拉松以外的項目

23 公里、7 公里

主辦單位

礁溪鄉公所、宜蘭縣殯葬管理所

臺北馬拉松

賽事名稱

舉行地點 臺北市信義區

舉行時間 12 月

限制時間 5 小時 30 分

特色

人多又熱鬧，以古城巡禮路線，帶領跑者一覽臺北城市歷史遺韻及美麗風采，規格等同於亞奧運，每年吸引 5 萬多名國內外優秀跑者報名抽籤。

全程馬拉松以外的項目

21.0975 公里

賽會官方網站

http://www.taipeicitymarathon.com/

主辦單位

臺北市政府

南投馬拉松

賽事名稱

舉行地點 南投縣南投市

舉行時間 11 月

限制時間 6 小時 50 分

特色

在過去省政府駐在地 - 中興新村，富有人文薈萃聚集之地，新規劃綠意盎然的比賽路線，是融合文化特質與農業特色的優質賽事。

全程馬拉松以外的項目

21 公里、12 公里、4.6 公里

主辦單位

南投縣馬拉松協會

臺灣米倉田中馬拉松

賽事名稱

舉行地點 彰化縣田中鎮

舉行時間 11 月

限制時間 6 小時 10 分

特色

擁有中臺灣最火熱的加油團，以豐富補給與在地鄉親的熱情締造出好口碑，每年吸引上萬名跑友朝聖。

全程馬拉松以外的項目

21 公里、10.1 公里

賽會官方網站

http://www.tianzhongmarathon.com

主辦單位

彰化縣政府、田中鎮公所、田中鎮觀光商圈發展協會

全家大小一起來跑馬拉松吧！

舉行地點 加拿大（溫哥華）

舉行時間 1 月

限制時間 7 小時

特色
　　跑在美麗的街道或海灘沿岸。

全程馬拉松以外的項目
　　半馬、8 公里、兒童路跑等

賽會官方網站
　　http://bmovanmarathon.ca/

海外（國際）馬拉松賽事

在著名觀光勝地或大都市舉辦的馬拉松賽事，擔心語言不通的人可以參加旅行社的行程。

賽事名稱

黃金海岸馬拉松

舉行地點 澳洲（黃金海岸）

舉行時間 7 月

限制時間 6 小時 40 分

特色
　　沿著海岸線的平坦路線，由於沒有時差，在日本跑友間具有相當人氣。

全程馬拉松以外的項目
　　半馬、10 公里等

賽會官方網站
　　http://www.gcm.jp/

賽事名稱

華特迪士尼樂園馬拉松

舉行地點 美國（佛羅里達州）

舉行時間 1 月

限制時間 7 小時

特色
　　在華特迪士尼樂園渡假園區內跑，比賽進行時還會有卡通人物在一旁為跑者加油打氣。

全程馬拉松以外的項目
　　半馬、10 公里、5 公里等

賽會官方網站
　　http://www.rundisney.com/disneyworld-marathon/

賽事名稱

梅多克馬拉松

舉行地點 法國（梅多克）

舉行時間 9 月

限制時間 6 小時 30 分

特色
　　奔跑在紅酒著名產地的葡萄田間，享受紅酒和當地料理的補給。

全程馬拉松以外的項目

賽會官方網站
　　http://www.marathondumedoc.com/

賽事名稱

羅馬馬拉松

舉行地點 義大利（羅馬）

舉行時間 4 月

限制時間 7 小時 30 分

特色
　　奔跑在羅馬市內著名觀光景點、遺跡，途中還會跑上石子路。

全程馬拉松以外的項目
　　4 公里公益路跑等

賽會官方網站
　　http://www.maratonadiroma.it/

＊所有資訊為 2016 年 6 月的資料。

補給品等可以從日本帶過去！

賽事名稱

紐約馬拉松

舉行地點 **美國**（紐約州）

舉行時間 **11 月**

限制時間 **無**

特色

　世界五大馬拉松之一，沿途直到中央公園，加油聲不絕於耳。

全程馬拉松以外的項目

賽會官方網站

　http://www.tcsnycmarathon.org/

賽事名稱

JAL檀香山馬拉松

舉行地點 **美國**（夏威夷州歐胡島）

舉行時間 **12 月**

限制時間 **無**

特色

　據說日本跑者占了六成，適合當成第一次的海外馬拉松。

全程馬拉松以外的項目

　女性之日健走

賽會官方網站

　http://www.honolulumarathon.jp/

賽事名稱

新加坡馬拉松

舉行地點 **新加坡**

舉行時間 **12 月**

限制時間 **8 小時**

特色

　整個國家就像公園般包圍在一片綠意之中，穿梭於高樓和景點的路線。

全程馬拉松以外的項目

　半馬、10 公里等

賽會官方網站

　http://www.marathonsingapore.com/

參考資料

《小出義雄のマラソンの強化書》小出義雄（KADOKAWA）
《小出ランニングアカデミー》小出義雄審定，佐倉運動員俱樂部、中日體育報編（中日新聞社）
《30キロ過ぎで一番速く走るマラソン》小出義雄（角川新書）
《知識ゼロからのジョギング&マラソン入門》小出義雄（幻冬社）
《知識ゼロからのウォーキング入門》小出義雄（幻冬社）
《マラソンでたらめ理論》小出義雄（棒球雜誌社）
《マラソンは毎日走っても完走できない》小出義雄（角川新書）
JogNote（http://www.jognote.com/top）
My ASICS（http://my.asics.com/jp/ja-jp）
RUNNET（http://runnet.jp）
近畿日本旅遊　世界馬拉松賽事100選（http://marathon100.knt.co.jp/ichiran.html）
慢跑模擬器（http://42.195m.net/jogsim）

國家圖書館出版品預行編目資料

秒懂馬拉松入門：零門檻！最適合路跑新手挑戰全
馬的完全圖解教練書/小出義雄著；李韻柔譯. --
版. -- 臺北市：商周出版：家庭傳媒城邦分公司發
行, 2017.10
　　面；　公分. -- (ViewPoint ; 92)
　ISBN 978-986-477-335-0 (平裝)

1.馬拉松賽跑

528.9468　　　　　　　　　　106017782

ViewPoint 92

秒懂馬拉松入門──零門檻！最適合路跑新手挑戰全馬的完全圖解教練書

作　　　者/小出義雄
譯　　　者/李韻柔
插 圖 漫 畫/立石タツアキ
企 畫 選 書/林淑華
責 任 編 輯/林淑華、羅珮芳

版　　　權/吳亭儀、江欣瑜
行 銷 業 務/周佑潔、林詩富、賴玉嵐、賴正祐
總 編 輯/黃靖卉
總 經 理/彭之琬
第一事業群
總 經 理/黃淑貞
發 行 人/何飛鵬
法 律 顧 問/元禾法律事務所王子文律師
出　　　版/商周出版
　　　　　　115 台北市南港區昆陽街 16 號 4 樓
　　　　　　電話：(02) 25007008　傳真：(02)25007759
　　　　　　E-mail：bwp.service@cite.com.tw
發　　　行/英屬蓋曼群島商家庭傳媒股份有限公司城邦分公司
　　　　　　115 台北市南港區昆陽街 16 號 5 樓
　　　　　　書虫客服服務專線：02-25007718；25007719
　　　　　　24 小時傳真專線：02-25001990；25001991
　　　　　　服務時間：週一至週五上午 09:30-12:00；下午 13:30-17:00
　　　　　　劃撥帳號：19863813；戶名：書虫股份有限公司
　　　　　　讀者服務信箱：service@readingclub.com.tw
　　　　　　城邦讀書花園 www.cite.com.tw
香港發行所/城邦（香港）出版集團有限公司
　　　　　　香港九龍土瓜灣土瓜灣道 86 號順聯工業大廈 6 樓A室
　　　　　　E-MAIL：hkcite@biznetvigator.com
　　　　　　電話：(852) 25086231　傳真：(852) 25789337
馬新發行所/城邦（馬新）出版集團【Cite (M) Sdn Bhd】
　　　　　　41, Jalan Radin Anum, Bandar Baru Sri Petaling, 57000 Kuala Lumpur, Malaysia.
　　　　　　電話：(603) 90563833　傳真：(603) 90576622　Email：services@cite.my

封 面 設 計/行者創意
內 頁 排 版/林曉涵
印　　　刷/中原造像股份有限公司
經 銷 商/聯合發行股份有限公司　新北市231新店區寶橋路235巷6弄6號2樓
　　　　　　電話：(02) 29178022　傳真：(02) 29110053

■ 2017 年 10 月 12 日初版
■ 2024 年 3 月 5 日二版

定價 320 元

Printed in Taiwan

知識ゼロからのフルマラソン入門（小出義雄　著）
CHISHIKI ZERO KARA NO FULL MARATHON NYUMON
Copyright © 2016 by Koide Yoshio
Original Japanese edition published by Gentosha, Inc., Tokyo, Japan
Complex Chinese edition is published by arrangement with Gentosha, Inc.
through Discover 21 Inc., Tokyo.
Complex Chinese Character translation copyright © 2017, 2024 by Business
Weekly Publications, a Division of Cité Publishing Ltd.

城邦讀書花園
www.cite.com.tw

商周出版

104　台北市民生東路二段141號2樓

英屬蓋曼群島商家庭傳媒股份有限公司城邦分公司　收

- -

請沿虛線對摺，謝謝！

商周出版

書號：BU3092X　　書名：秒懂馬拉松入門（改版）　　編碼：

線上版讀者回函卡

讀者回函卡

感謝您購買我們出版的書籍！請費心填寫此回函卡，我們將不定期寄上城邦集團最新的出版訊息。

姓名：＿＿＿＿＿＿＿＿＿＿＿ 性別：□男 □女

生日：西元＿＿＿＿＿年＿＿＿＿＿月＿＿＿＿＿日

地址：＿＿＿＿＿＿＿＿＿＿＿＿＿＿＿＿＿＿＿＿

聯絡電話：＿＿＿＿＿＿＿ 傳真：＿＿＿＿＿＿＿

E-mail：

學歷：□ 1. 小學 □ 2. 國中 □ 3. 高中 □ 4. 大學 □ 5. 研究所以上

職業：□ 1. 學生 □ 2. 軍公教 □ 3. 服務 □ 4. 金融 □ 5. 製造 □ 6. 資訊

□ 7. 傳播 □ 8. 自由業 □ 9. 農漁牧 □ 10. 家管 □ 11. 退休

□ 12. 其他＿＿＿＿＿＿＿＿＿＿＿＿＿＿

您從何種方式得知本書消息？

□ 1. 書店 □ 2. 網路 □ 3. 報紙 □ 4. 雜誌 □ 5. 廣播 □ 6. 電視

□ 7. 親友推薦 □ 8. 其他＿＿＿＿＿＿

您通常以何種方式購書？

□ 1. 書店 □ 2. 網路 □ 3. 傳真訂購 □ 4. 郵局劃撥 □ 5. 其他＿＿＿

您喜歡閱讀那些類別的書籍？

□ 1. 財經商業 □ 2. 自然科學 □ 3. 歷史 □ 4. 法律 □ 5. 文學

□ 6. 休閒旅遊 □ 7. 小說 □ 8. 人物傳記 □ 9. 生活、勵志 □ 10. 其他

對我們的建議：＿＿＿＿＿＿＿＿＿＿＿＿＿＿＿＿＿

＿＿＿＿＿＿＿＿＿＿＿＿＿＿＿＿＿＿＿＿＿＿＿＿

＿＿＿＿＿＿＿＿＿＿＿＿＿＿＿＿＿＿＿＿＿＿＿＿